厚德博學

經濟匡時

人文社科文库

分化与融合

中国社会多元舆论场发展研究

乔　睿著

Divergence and Integration

Research on the Development of

China's Diverse Public Opinion Field

 上海财经大学出版社
SHANGHAI UNIVERSITY OF FINANCE & ECONOMICS PRESS

 上海学术·经济学出版中心

图书在版编目(CIP)数据

分化与融合：中国社会多元舆论场发展研究 / 乔睿
著. -- 上海：上海财经大学出版社，2024. 8. -- (匡
时). -- ISBN 978-7-5642-3342-6

Ⅰ. G219. 2；C916；TP393. 4

中国国家版本馆 CIP 数据核字第 2024SL5607 号

本书由"上海财经大学中央高校双一流引导专项资金"和"中央
高校基本科研业务费"资助出版。

教育部人文社科基金青年项目"公共事件中网络社会情绪反向
表达与传播机制研究"(19YJC860036)阶段性成果

□ 责任编辑　台啸天
□ 封面设计　张克瑶

分化与融合：中国社会多元舆论场发展研究

乔　睿　著

上海财经大学出版社出版发行
(上海市中山北一路 369 号　邮编 200083)
网　　　址：http://www.sufep.com
电子邮箱：webmaster@sufep.com
全国新华书店经销
上海华业装璜印刷厂有限公司印刷装订
2024 年 8 月第 1 版　2024 年 8 月第 1 次印刷

710mm×1000mm　1/16　10 印张(插页:2)　143 千字
定价:56.00 元

匡时·人文社科文库编委会

主　编
陈　忠

编　委

序　言

　　我国社会目前处于转型期,经济发展不平衡和社会利益关系重新分配有时会造成社会矛盾激化,导致冲突型突发公共事件发生。同时,随着经济的发展,人们的危机意识不断提升,自然灾害、事故灾难、环境污染等共识型的突发公共事件相比以前更容易引发媒体关注和公众舆论。另一方面,随着互联网和Web2.0技术的发展,公众不仅可以及时获知突发公共事件的相关信息,满足其知情权,而且能够相对自由地表达观点、交流意见,甚至通过"意见领袖"效应将自己的声音传递至成千上万人。由于媒介生态的整体变化,传统媒介体制下的官方舆论严格控场变得困难,新媒介赋权下的民间舆论众声喧哗成为常态。在此背景下,本书的研究对象聚焦于突发公共事件情境下中国社会的舆论与舆论场,并由此拓展出关于历史、现状、关系的三个核心问题。其一是历史问题,即中国社会的舆论场是如何形成与发展的?其二是现状问题,即当今中国社会舆论场的内部构成与信息传播特征如何?其三是关系问题,即当今中国社会舆论场之间的差异与关联有哪些?由历史出发,立足现实社会场景,透析中国社会舆论格局,是本书写作之目的。

　　目前传播学的主流研究范式根据研究对象和研究路径的差异可分为三种:批判理论、受众研究和媒介研究(史蒂文森,2001)。然而,现有的研究范式均存在一定的盲点。例如,批判理论强调的是经济决定论和结构主义理论,常常忽视了行动者的主观能动性,而受众理论则夸大了行动者的作用,忽略了社会宏观背景;媒介理论则容易过分强调媒介本身,而忽略了传播者与现实社会情境,具有技术决定论的色彩。当今中国社会的舆论研究,尤其是针对突发公共事件的舆论研究,迫切需要寻找一个在宏观和微观方面均具有相当解释力、适合中国语境的研究范式(paradigm)。

我们的研究意义不局限于某种具体的舆论传播现象或传播问题，而是立足于中国社会的现实场景，面对支离破碎的舆论研究现状，试图全面描摹出现阶段中国社会的舆论格局，从理论、方法和应用层面对突发公共事件的舆论研究做出贡献。第一，在理论价值方面，长期以来，国内学术研究强调问题意识，关注现实，时效性、政策性研究往往置于理论性研究之前。我们应该意识到，术若不明道，终是小器。我们在研究中国突发公共事件的舆论与舆论场问题时，既要精于术，更要明于道。本书在理论层面有两重意义，一方面是检验西方舶来的人文社科经典理论，如场域理论、沉默的螺旋、议程设置理论、公共领域等是否适用于当今中国舆论环境，另一方面也尝试对中国特有的舆论现象，如双重话语空间、网络民意与现实民意的关系等提出新的理论解释。第二，在方法贡献层面，现有的传播学研究方法可大致分为面向传播内容与面向传播者两大路径，前者主要包括内容分析法、文本分析法、文本挖掘与数据挖掘等，后者主要是借鉴自社会学、人类学、心理学等学科领域的调查法、实验法等。上述种种研究方法的适用范围与效果各不相同，也具有诸多局限性。第三，本书在研究方法层面试图突破传统传播学研究方法的局限性，将内容分析、民意调查、文本挖掘等方法结合使用，用以解释中国社会复杂多变的舆论现象和问题。第四，本书立足于应用价值。舆论传播过程不是一个封闭的系统，它不仅受制于信息、传者、媒介和受众，也受到其自身所处的社会政治、经济、文化环境等方面的影响。因此，在研究中有必要将舆论传播中的参与者——政府、媒体与公众的关系放置到整个社会系统中进行考察。本书对突发公共事件中的中国社会舆论场进行跨场域综合研究，对政府而言可为其舆论引导工作提供对策建议，对媒体而言可为其媒体改革与媒体融合之路提供方向建议，对公众而言可为其政治参与方式和媒介素养提升提供可行性建议，因此在应用层面具有重要意义。

乔　睿

2024 年 3 月

上海财经大学同新楼

目　录

第三部分　实证篇

第四部分 治理篇

第一部分

理论篇

第一章　场的概念与场域理论

　　法国社会学家皮埃尔. 布尔迪厄(Pierre Bourdieu)提出的场域理论(field theory)是社会学中的重要理论,场域的实质是一种社会空间和社会结构,场域理论就是对其中的关系进行研究。在此基础上,布尔迪厄进一步提出了媒介场(media field)的概念,将场域理论引入媒介研究领域。随后,中西方研究者将场域理论应用于舆论研究,提出了舆论场(public opinion field)的概念。

第一节　场的概念:从物理学到心理学

　　"场"(field)最初是一个物理学概念,其本质是一个以时空为变量的物理量,通常的表现形式是数字或张量。[①] "场"是一种特殊的物质,虚无缥缈却又真实存在,例如温度场、电磁场、引力场等。

　　20 世纪初,格式塔心理学(gestalt psychology)在德国诞生,该学派将物理学中的"场"的概念引入心理学领域,代表人物之一的库尔特·考夫卡(Kurt Koffka)提出了"物理场"(physical field)、"心理场"(psychological field)以及"心物场"(psychophysical field)等一系列概念,认为世界是心物的,而心物场则包含着自我与环境两极,我们人类的行为直接受到行为环境影响[②]。

　　在前人的基础上,德国心理学家库尔特·勒温(Kurt Lewin)发展了格式塔心理学派的场论。勒温的场论认为,场即生活空间,是影响一个人

---

①　https://en. wikipedia. org/wiki/Field_(physics)♯References.

②　余秀才.《网络舆论传播的行为与动因》[D].武汉:华中科技大学博士学位论文,2010.

的行为在任何时候的所有因素的组合。该理论尝试对个体与环境之间的相互作用的模式进行探讨,指出人类的行为是场的产物,并通过以下公式描述这种关系:

$$B = f(LS) = F(p, e)$$

其中,B 表示行为(behavior),LS 表示生活空间(life space),p 表示个人(person),e 表示环境(environment),f 与 F 表示函数关系。[①]

从物理学到心理学,场的概念被成功地拓展到人文社会科学领域,场论也被运用于解释人类的心理与行为。然而,格式塔心理学的"场论"在普适性方面仍有不足,过分聚焦于微观个体而缺乏放眼社会的宏观视角。在这个问题上,法国社会学家皮埃尔·布尔迪厄突破性地提出场域理论,成为更具普适性的元理论和社会学研究范式。

第二节 布尔迪厄的场域理论与媒介场

一般认为,场域理论(field theory)是布尔迪厄的基本理论,在社会学思想理论体系中占据了重要地位。布尔迪厄在习惯(habitus)、资本(capital)等概念的基础上,提出了场域的概念,即"在各种位置之间的客观关系的一个网络(network)或一个构型(configuration),这些位置是经过客观限定的"。[②] 社会空间中有各种各样的场,例如经济场域、宗教场域、科学场域、艺术场域及法律场域及政治场域等,不同的场域自主化程度不同,各有各的"游戏规则"。在每一个场域中,都存在着统治者和被统治者的二元对立,充满了冲突与竞争。整个社会就是围绕着处于统治地位的"经济权力""政治权力"与处于被统治地位的"文化权力"之间的基本对立而建立起来的(罗德尼·本森,2003)。[③] 换言之,布尔迪厄所述的场域可

---

① 刘海龙.当代媒介场研究导论[J].国际新闻界,2005(2):53—59.
② 李全生.布迪厄场域理论简析[J].烟台大学学报:哲学社会科学版,2002,15(2):146—150.
③ 罗德尼·本森,韩纲.比较语境中的场域理论:媒介研究的新范式[J].新闻与传播研究,2003,10(1):2—23.

以理解为一种社会空间,场域理论则是对社会空间中的关系进行研究,例如对"与权力场域相对的场域位置"进行分析,对"行动者或机构所占据的位置之间的客观关系结构"进行勾画,对"行动者的习惯及千差万别的性情倾向系统"进行解释(余秀才,2010)。[1]

随后,布尔迪厄进一步将场域理论运用于媒介研究领域,先后提出了电视场、新闻场等概念,随即又将上述概念整合,提出了"媒介场"(media field)的概念。值得注意的是,此处的媒介指的是大众传播媒介,尤其是其中的新闻内容。布尔迪厄在此领域的研究包括法国电视场中符号暴力的形成机制、他律对自治的侵蚀等,他的核心论点是"经济场域的增长和渗透削弱了新闻的自主性,导致新闻媒介作为统治权力的代言人,削弱了文化生产领域的自主性"。[2] 布尔迪厄的场域理论与媒介场研究不仅填补了宏观媒介社会理论与微观新闻实践之间的空白,还连接了新闻机构生产和受众被动接受的二分周期,并将媒介场域的研究扩展到对于其他社会领域的影响上。布尔迪厄的场域理论将场域视作一个不断斗争变化的空间,不同的场域在社会空间中的权力位置并不相等。其中,政治场、经济场占有较多的资本,从而成为社会中的元场,其他场域会受到这些元场的影响。媒介场是相对位置较低的场域,时刻受到包含它的文化场影响,并同时受到政治场、经济场等元场的影响。更进一步地,基于媒介传播的舆论所形成的舆论场,在相对关系上低于媒介场,并受到各种更高维度的元场的影响。

限于时代发展,布尔迪厄的媒介场仍停留在"电视场""新闻场"等传统媒介范畴,随着技术革命,各种基于互联网的新媒介涌现出来,人类信息传播的环境已经改变。由于互联网的开放性、虚拟性、匿名性和跨时空性,一个基于互联网的"新媒介场"已经崛起,成为舆论研究的新环境。

---

[1]　余秀才. 网络舆论传播的行为与动因[D]. 武汉:华中科技大学博士学位论文,2010.

[2]　罗德尼·本森,韩纲. 比较语境中的场域理论:媒介研究的新范式[J]. 新闻与传播研究,2003,10(1):2—23.

第二章 舆论与舆论场

第一节 舆论的定义

1976 年,法国思想家卢梭在《社会契约论》一书中首次使用"Opinino Publique"一词,英文译为"public opinion",中文通常译为"公众舆论"。①卢梭作为理性主义的代表,认为公众舆论源于人类的理性,形成空间相对封闭,目的是维护公民共同的利益。公众通过持续地参与公共事务,从而公共意志得到彰显,最终实现主导政府决策的目标。卢梭的观点反映了资产阶级上升时期的民主理想。

百年之后,随着西方资本主义社会面临转型,自由资本主义向垄断资本主义过渡,美国学者李普曼对卢梭提出的公众舆论进行了重新解读。李普曼将舆论定义为"人们脑海中的图像——关于自身、关于别人、关于他们的需求、意图和人际关系的图像",并且这些图像对"人类群体或以群体名义行事的个人产生着影响"。② 李普曼作为经验主义的代表,强调公众舆论是非理性的,产生于开放、互动的空间,源于人类与外部世界的交流与互动,本身易受到外在环境的影响,因此未必能够主导政府决策(李普曼,2002)。

在李普曼之后,西方研究者对于公众舆论的思考从理性主义转向经验主义,构成了公众舆论研究的拐点。其中一个明显的转变体现为,作为舆论主体,"公众"这一概念更加广泛,从"绝对主体"向"主体与受体的集

---

① J. Rousseau. 何兆武译. 社会契约论[M]. 北京:商务印书馆,2003.
② 李普曼. 舆论学[M]. 北京:华夏出版社,1989.

合"转变。这一转变将外界力量,尤其是大众媒体纳入讨论范畴,"大众媒体对公众舆论形成的作用"开始受到关注。① 李普曼所描述的拟态环境理论,明确表达了对于公众舆论与大众媒介的强烈怀疑。哈贝马斯在《公共领域的结构转型》一书中指出,随着自由资本主义向垄断资本主义发展,以及新闻媒介的加速商业化,公众舆论的理性基础和运行机制逐渐消失,而转化各种社会组织凌驾于公众之上。诺尔·诺依曼在《沉默的螺旋》一书中,从社会心理学的角度,将舆论定义为"对有争议的问题,在没有孤立危险的前提下可以公开发表的意见"和"为使自己免于陷于孤立而必须公开表明的意见",②强调了大众媒介对于舆论的引导和操纵。美国舆论学研究者普赖斯(Price)指出,舆论存在五大忧虑:"公众缺乏能力、缺乏资源、多数暴虐、易被劝服或操纵、精英统治",③这导致了舆论的产生并非理性,也并非民主。

经过一百多年的发展,国外舆论研究都已经相对成熟。在高等教育系统中,大量高校设立有独立的舆论学专业,并有相关课程及配套教材,培养专业的舆论研究人才;在专业学术领域,存在着许多专业的学术期刊,研究领域涵盖了新闻传播、公共管理、社会学和心理学等学科;在社会上,也存在大量专门研究舆论或民意的专业研究机构,如美国著名的民意调查公司盖勒普、独立民意研究机构皮尤研究中心等。

与西方社会相比,我国关于舆论的研究起步较晚,系统性研究开始于20世纪80年代(刘建明,1981),随即有一批舆论学著作在这一时间段涌现出来,例如刘建明(1988)的《基础舆论学》、徐向红(1991)的《现代舆论学》、张学洪(1992)的《舆论传播学》、喻国明和刘夏阳(1993)的《中国民意研究》和陈力丹(1999)的《舆论学:舆论导向研究》等,共同搭建起中国舆论研究的基础框架,确立了舆论的内涵和外延。

---

① 冯希莹.简析卢梭与李普曼公众舆论思想[J].天津社会科学,2011(3):59-61.
② 诺尔·诺依曼,董璐译.沉默的螺旋:舆论——我们的社会皮肤[M].北京:北京大学出版社,2013.
③ Price V.邵志择译.传播概念:(Public opinion)[M].上海:复旦大学出版社,2009.

　　自 public opinion 概念引入我国，国内学者围绕翻译与定义这两个问题展开了激烈的争论。首先，根据理解角度不同，国内学术界对于"public opinion"的翻译种类繁多：舆论、舆情、民意、公共或公众意见、公共或公众舆论等。在翻译方面的争议，主要可以拆解为两个问题。一是舆论、民意、舆情三词的通用与混用。在我国，在 public opinion 所对应的舆论、民意、舆情这三个词汇存在高度的重叠性和通用性已成既定事实的情况下，不少学者针对 public opinion 与三者之间的关系，以及三者相互之间的关系进行了细致的比较（王来华、林竹、毕宏音，2004；李昌祖、许天雷，2009；杨斌艳，2014）。二是"舆论"前是否有必要添加"公共"或"公众"前缀的讨论。早期有学者认为添加公共一词，强调了 public opinion 所包含的公共性特征，高海波（2001）[①]认为"公众舆论/公共舆论是近年来最受关注的提法，这一变化不单单是为我们提供了新词语，而且预示着一种根本性的转变。在很大程度上，它们或被描述当代舆论的主要特征，或被作为当代舆论的发展趋势，标志着我国舆论学研究从基础舆论学向公共舆论学的学术转向"。然而，之后有学者从语法的角度指出，公共舆论或公众舆论犯了同意反复的错误，因为"舆"本身就表示公众，"论"指意见，再前置公众一词，就变成"公众的公众的意见"（曾庆香，2007[②]；郜书锴，2009[③]）。

　　其次，国内关于舆论的定义各不相同又相互联系，可以归纳为以下几种类型：一是"（公共/公众）意见说"，即认为舆论是个人意见的汇聚。这也是民意调查立足的依据，然而这种定义方式下的舆论正是卢梭所反对的"众意"，与其所提倡的"公意"相对。二是"舆论是以多数人的意见、信念、态度和情绪的总和"，这也是最为主流的一种定义，尽管不同的研究者表述不尽相同。刘建明（1988）[④]提出"舆论是现实社会整体知觉和集合意识、具有权威性的多数人的共同意见"，强调了舆论的意见整合作用，不

　　① 高海波. 公共舆论与舆论学研究的转向[J]. 当代传播，2001(6)：64－67.
　　② 曾庆香. 对"舆论"定义的商榷[J]. 新闻与传播研究，2007(4)：47－50.
　　③ 郜书锴. "公共舆论"还是"公众意见"——兼对《传播概念》术语不同翻译的商榷[J]. 国际新闻界，2009(10)：22－26.
　　④ 刘建明. 基础舆论学[M]. 北京：中国人民大学出版社，1988。

再是分散的个人意见的简单加和,而是在个人之间、个人与环境之间的相互影响下,重新组织、协调的产物。徐向红(1991)①认为"舆论是相当数量的个人、群体或组织对公共事务所发表的倾向一致的议论"。喻国明和刘夏阳(1993)②将舆论定义为"舆论是社会或社会群体中对近期发生的、为人们普遍关心的某一争议的社会问题的共同意见"。陈力丹(1999③,2003④)认为"舆论是公众关于现实社会以及社会中的各种现象、问题所表达的信念、态度、意见和情绪表现的总和",其特征包括"一致性、强烈程度和持续性",并且"能够对社会发展及有关事态的进程产生一定影响"。在各种表述中,可进一步归纳出四种定义模式,一是强调舆论对于社会的感知,如刘建明(1988)的定义。二是强调舆论是对于某一具体现象而发出的意见,如喻国明等人的定义(1993)。三是"舆论是信念和态度",即舆论是人们对社会问题的信念和态度。陈力丹(1999)⑤将未公开表达的信念视为一种"潜舆论",是舆论的深层内容。刘建明(1988)⑥也将信念视为舆论行为的核心。曾庆香(2007)⑦明确指出"舆论是一定范围内的多数人针对现实社会以及社会中的各种现象、问题,以言语、情感、行为等方式表达出来的大体一致的信念和态度"。四是"精英论",即将舆论的范围局限于少数精英,而非大众。如英国《政治思想词典》中所述:"公众舆论不是多数人的意见,而是在公共领域里活跃的意见",又如李普曼在《公众舆论》所说的:"在一种共同意志的形成过程中,总会有一位亚历山大·汉密尔顿在发挥作用"。国内学者也持类似观点,认为"舆论是媒体、政客以及其他精英思想的投射",强调意见领袖在公共事务话语权上对普通公众的压倒性优势(许静,2009)。⑧

①　徐向红. 现代舆论学[M].北京:中国国际广播出版社,1991.
②　喻国明,刘夏阳. 中国民意研究[M].北京:中国人民大学出版社,1993.
③　陈力丹. 舆论学. 舆论导向研究[M].北京:中国广播电视出版社,1999.
④　陈力丹. 推敲"舆论"概念[J].采. 写. 编,2003(3):54—54.
⑤　陈力丹. 舆论学. 舆论导向研究[M].北京:中国广播电视出版社,1999.
⑥　刘建明. 基础舆论学[M].北京:中国人民大学出版社,1988.
⑦　曾庆香. 对"舆论"定义的商榷[J].新闻与传播研究,2007(4):47—50.
⑧　许静. 舆论研究:从思辨到实证[J].国际新闻界,2009(10):6—10.

　　迄今为止,国内外关于舆论还未形成一个公认的定义。为了准确把握舆论的概念,我们认为关键需要一组清晰的界定条件。无论如何表述,舆论的构成要素都是固定的。因此,我们从构成舆论的基本三要素入手进行界定。首先,舆论的主体,即舆论的表达主体,是社会公众。何为社会公众? 从数量上看,公众(public)不是个别人或少数人,而是数量规模相对较多的社会成员的集合。然而仅凭借数量多寡来定义公众又是片面的,因为这将导致其与集群(grouping)、群众(crowd)等概念混淆。在此我们借鉴喻国明和韩运荣(2005)[①]对公众进行界定的两个条件,一是"公众与舆论问题有意见的相关性,有共同的目标和利益取向",二是"公众具有社会成员的主体性,有自主意识和相应的意见表达能力和条件"。值得注意的是,在中国语境中,舆论的主体往往不限于表达主体,尤其是在中国特殊的媒介体制下,媒体常常被视为舆论的承载者,构成"拟态公众"(樊晓奇,2011)[②],政府、党派、社会团体等宣传或公关部门,也由于常常干预、引导公众舆论,具有舆论主体身份(丁柏铨,2013)[③],有学者将主政者和意识形态主管部门、新闻传媒及其从业者、相关社会组织及意见领袖合称为"舆论引导主体"(丁和根,2009)[④]。其次,舆论的客体,广义上包括了整个现实社会,涵盖了社会各界对其所感兴趣的社会领域,特别是社会公共领域所产生的一切意见;狭义上可具体指向某个特定的涉及公众切身利益的社会公共事务、现象和问题(陈力丹,1999;喻国明、韩运荣,2005;李良荣,2006)。本书中针对突发公共事件中的舆论进行研究,就属于狭义的舆论研究范畴。最后,舆论的本体,或称为表达形式是意见,即公众对公共事务的评价性意见(姜红,2006)。同时,舆论作为一种特殊的意见,还具有集合性和表层性两大特征,前者强调了舆论是多数人的意见的集合,后者则强调了舆论是公开的言语表达(喻国明、韩运荣,2005)。

---

①　喻国明,韩运荣. 舆论学原理,方法与应用[M]. 北京:中国传媒大学出版社,2005.
②　樊晓奇. 群体性事件中的舆论传播特征[J]. 人民论坛,2011(24):146—147.
③　丁柏铨. 自媒体时代的舆论格局与舆情研判[J]. 天津社会科学,2013(6):37—43.
④　丁和根. 对舆论引导主体引导能力的多维观照[J]. 当代传播,2009(3):9—12.

第二节　网络舆论

近年来,随着互联网的普及与新媒体的发展,网络舆论在社会生活显得异常活跃和尖锐,国内外研究者对此进行了大量研究。国外关于网络舆论的研究,主要是在传统舆论传播管理的基础上,结合网络社会的特征开展网络舆论的管理工作。国外网络舆论管理主要可归纳为四种管理模式:政府立法管理、市场机制调节、技术手段控制以及网络经营者与网络使用者的自律(朱家贤、苏号朋,2000)。[①] 由于西方发达国家的市场化程度较高、社会管理机制较为健全,因此在网络舆论的管理方面更加强调行业自律与市场调节,侧重于通过协调各种经济关系以引导舆论发展的趋向,重视对网络从业者的道德规范教育以及网民的媒介素养培养,并辅加社会公众的监督,实现对网络舆论的引导和管理,将道德他律与道德自律结合起来(马冰星,2013)。[②]

由于互联网进入中国的时间不长,国内对于网络舆论的研究还处于起步阶段,但已取得了许多具有理论和实践价值的研究成果,关于网络舆论研究的专著、研究报告、学术论文等作品纷纷涌现。在专著中,刘毅(2007)的《网络舆情概论》是第一本关于网络舆论/舆情研究的专著,具有里程碑意义,其他代表性著作还包括王国华等人(2011)的《解码网络舆情》、李彪(2011)的《舆情:山雨欲来——网络热点事件传播的空间结构和时间结构》、张春华(2012)的《网络舆情:社会学的阐释》等。在历时性的年度研究报告方面,较具代表性的有中国人民大学喻国明主编的"中国社会舆情蓝皮书"系列(2010—2015)、上海交通大学谢耘耕主编的"舆情蓝皮书"系列(2010—2016)等、南京大学杜俊飞主编的《中国网络舆情报告》(2010,2011)等。在学术论文中,研究者们所聚焦的领域和议题各有差异,主要聚焦于网络舆论概念界定(谭伟,2003;邹军,2008;彭兰,2009;桑

---

① 朱家贤,苏号朋.e法治网:网上纠纷 · 立法 · 司法[M].北京:中国经济出版社,2000.
② 马冰星.网络舆论引导研究[D].北京:北京交通大学博士学位论文,2013.

丽,2011)、网络舆论传播特征(钟瑛、余秀才,2010)、网络舆论生成演变机制(谢耘耕、荣婷,2011;安珊珊,2012)、网络舆论引导(邓新民,2003;陈明等,2004;史波,2010)等方面,并就网络舆论的意义和作用逐渐形成了两个较为主流的观点:一是互联网由于其开放性与便捷性等技术优势,成为社会舆论的集散地,网络舆论是社会的"皮肤"和"晴雨表",影响力不容小觑;二是网络舆论具有其两面性,是一把"双刃剑",对于社会的稳定发展可能促进,但也可能起反作用,因此需要恰当的控制和引导。

第三节 舆论场的概念辨析与划分标准

所谓"场"(field),是指与现实事物相联系的外在环境的总体。场的概念发源于物理学中的场域理论,随后被引入心理学、社会学领域,近年来被用于阐释舆论现象。在我国,最早由项德生(1992)[①]将"场"的概念引入舆论学研究领域,他将舆论场定义为"特定的舆论主客体间相互作用而形成的具有一定强度和能量的时空范围",提出了场强、场能量等舆论场的测量指标,并指出这些指标是由舆论范围、舆论密度、舆论表达方式的变化、舆论方向的变化决定的。此后,有多名研究者对舆论场概念的内涵和外延展开研究。目前国内关于舆论场的概念主要有"时空环境论"和"复杂环境论"两种定义。刘建明(2002)[②]率先提出,"舆论场是指包括若干相互刺激的因素,使许多人形成共同意见的时空环境",即将舆论场视为舆论形成和变化的外在环境。同时,刘建明提出了舆论场形成要满足三要素:同一空间的人群密度与交往频率较高、空间的开放度较大、空间的渲染力较强。在此基础上,余秀才(2010)[③④]进一步提出"舆论场不单指时空环境,而是糅合了行为环境、心理环境与社会环境的复杂环境",将

[①] 项德生. 试论舆论场与信息场[J]. 郑州大学学报:哲学社会科学版,1992(5):1—6.

[②] 刘建明. 社会舆论原理[M]. 北京:华夏出版社,2002.

[③] 余秀才. 网络舆论传播的行为与动因[D]. 武汉:华中科技大学博士学位论文,2010.

[④] 余秀才. 网络舆论场的构成及其研究方法探析——试述西方学者的"场"论对中国网络舆论场研究带来的启示[J]. 现代传播(中国传媒大学学报),2010(5):120—123.

舆论场视为"媒体场、心理场和社会场的交互环境"。童兵(2013)[①]从舆论学角度出发,将舆论场定义为"含有若干相互刺激因素,从而使许多人形成共同意见的时空环境",无数个体的意见和要求在特定的外在环境下、在"场"的作用下,经过反复多次的交错、协调、碰撞、扬弃和融合,形成一致性的共识,也就是舆论。

随着新旧媒介的更迭以及社会群体的变动,舆论场呈现出基于介质和基于主体的分化趋势。一方面,舆论以大众传播媒介为载体而汇聚,随着新媒体涌现,围绕各种媒介形成的舆论场域在声势和影响力方面不断变化,大量研究者根据媒介载体不同,对中国社会的舆论场域进行划分。例如,党秋月(2009)[②]将其分为主流媒体舆论场、口头舆论场和电子舆论场;宁宁(2010)[③]将其分为旧舆论场和新舆论场(包括网络舆论场和手机舆论场);王国华等人将其分为(2012)[④]社会口头舆论场、传统媒体舆论场和网络舆论场;刘建明(2014)[⑤]将其分为人际舆论场、自媒体舆论场和传统媒体舆论场。另一方面,随着社会发展,不同群体所关注与催生的舆论场域也存在差异。还有不少研究者根据舆论主体不同,对社会舆论场进行划分,例如,刘九州和付金华(2007)[⑥]将其分为政府舆论场、媒体舆论场和民众舆论场;童兵(2013)[⑦]将其分为官方舆论场、民间舆论场和海外舆论场;傅文仁和马雪健(2014)[⑧]、杨逐原(2016)[⑨]将其分为政府舆论场、媒体舆论场和民间舆论场。还有少数学者综合两种分类标准,将社会

---

① 童兵.关于当前新闻传播几个理论问题的思考[J].新闻与传播研究,2013(1):7—15.

② 党秋月.构建地方"主流舆论场"有效引导地方舆论———以辽沈地区报业为例[J].东南传播,2009(7):94—95.

③ 宁宁.新舆论场的形成与消解———新媒体时代下的舆论场[J].新闻世界,2010(9):35—36.

④ 王国华,肖林,汪娟等.论舆论场及其分化问题[J].情报杂志,2012(8):1—4.

⑤ 刘建明."舆论场,宣传场与舆论机构"的种种悖论[J].新闻爱好者,2014(10):42—45.

⑥ 刘九洲,付金华.以媒体为支点的三个舆论场整合探讨[J].新闻界,2007(1):36—37.

⑦ 童兵.关于当前新闻传播几个理论问题的思考[J].新闻与传播研究,2013(1):7—15.

⑧ 傅文仁,马雪健,政府.媒体及民间舆论场的分野与弥合[J].新闻前哨,2014(2):30—32.

⑨ 杨逐原.三个舆论场博弈背景下的舆论引导研究[J].新闻前哨,2016(7):25—28.

舆论场分为民间舆论场、传统媒体舆论场、网络舆论场和境外舆论场(张涛甫,2011)①。

国内学者针对中国两个舆论场(官方,民间)并存的现象,进行了大量的理论和实证研究,其中一个重要的研究方向是对官方和民间舆论场进行比较研究。目前该方向的研究可归纳为两种论点:一种观点认为两大舆论场的规模都在扩大,但重叠度下降,由于视角不同,且缺乏有效的沟通互动机制,难以达成普遍的社会共识(廖玒,2011;童兵,2012;官建文,2012;高宪春,2012;张淑芳,2013);另一种观点则认为应当通过政府和主流媒体增强舆论引导功能、加大信息公开力度、寻找互动议题等多种方式"打通"官方与民间舆论场,增强不同舆论场之间的沟通互动,引发共振效应,最终趋于融合(陶薇,2013;沈世纬,2015)。

对于舆论场的界定问题,学术界尚存一定争议,主要是关于舆论场是否包含政府和主流媒体的问题。刘建明(2013)②态度鲜明地指出,舆论场只应包含人际舆论场和自媒体舆论场,前者是各种舆论的起始,后者则是人际舆论场在论文、博客、微博等自媒体上的浮现与放大,相对地,政府、主流媒体、网络媒体等机构主办的新媒体则不属于舆论场的范畴(刘建明,2014)。我们认为此争议起源于"舆论"的本质,即舆论(表达)主体为公众,并不包括政府和媒体这类舆论引导主体。若认为"舆论场"是"舆论表达场"的缩写,那么当然只能包含公众这唯一的舆论表达主体。然而,"舆论场"作为一种中国特色的舆论现象,本身包含了舆论表达主体与舆论引导主体两种类型的参与者。若将舆论场的参与主体仅定义为舆论表达主体,无疑是片面的,不仅忽略了舆论引导主体对于舆论传播过程的重要性,而且也不利于讨论政府、媒体和公众的关系,尤其是在突发公共事件这一容易引发官方与民间冲突的社会情境下。童兵(2013)对舆论表达主体与舆论引导主体的辩证关系进行了较为深入的讨论。第一,他强调舆论表达与舆论引导缺一不可,同为社会舆论不可分割的组成部分,缺

① 张涛甫.当前中国舆论场的宏观观察[J].当代传播,2011(2):39—40.
② 刘建明."两个舆论场"若干歧义的破解[J].中国记者,2013(1):51—52.

少任何一个都会影响社会的健康运转。第二，他指出舆论表达和舆论引导两者互相作用，互为前提，充分的舆论表达是有效舆论引导的基础及前提，而有效的舆论引导又为有序的舆论表达创造了良好的氛围和合理的空间。第三，他认为舆论表达主体与舆论引导主体密切相关，一方面舆论表达主体与舆论引导主体相互独立，与此同时又需要通过大众传媒在公共空间里实现对话、沟通和互动，最终达成理解、认同和共识。第四，他提出舆论表达与舆论引导之间存在良性转化关系。

舆论场相关研究的另一个争议是关于口头舆论或称潜在舆论的问题。根据南振中先生最初提出的"两个舆论场"概念，民间舆论场是包括现实生活中以口头传播和人际传播形式存在的"口头舆论场"，然而随着互联网的发展，口头舆论场逐渐被人忽视，喧闹的自媒体舆论场（又称网络舆论场）成为民间舆论场的研究重点。然而，潜伏于口头传播、人际传播的舆论形象在中西方学术研究和现实生活中是一直客观存在。20世纪二三十年代，西方研究者开始注意到潜在舆论的存在，国内关于潜在舆论的研究最早出现于20世纪80年代，这些研究中提出了诸如潜在性舆论、潜舆论、潜在舆论、隐性舆论和沉默舆论等用一系列名词来描述这种限于小范围内的人际传播、没有形成公开发表的文字记录和难以捕捉、稍纵即逝的舆论现象。综上，无论是从学理性还是社会现实意义的角度，潜在舆论是民间舆论场中不可或缺的重要构成部分，如何对更加隐秘的潜在舆论进行收集、分析和引导是官方舆论场的重要工作和重大挑战。

综合"时空环境论"和"复杂环境论"两种定义方式，本书所讨论的舆论场是一种特定的环境，是舆论形成和传播的场所，从物理学的视角看是一种时空环境，从社会学意义上来说则是更为广阔的社会环境。考虑到目前关于舆论本质的界定纷争，本书以舆论表达主体——社会公众为基础，并结合中国特殊的媒介生态环境，引入媒体、政府等舆论引导主体，首先将错综复杂、纷纷扰扰的中国社会舆论场一分为二，即官方舆论场与民间舆论场。其中，官方舆论场的参与主体包括政府与主流媒体，一方面各级政府或政府部门，通过新闻发布会、官方网站、政务新媒体等多种信息发布方式，发布官方信息、公开政务活动；另一方面主流媒体在传统媒介和新媒介上就突发公共事件进行新闻报道，既反映党和政府的路线方针政策，又表达民情民意，起到上承下达的作用。民间舆论场则是社会公众从自身利益和情感的角度出发进行意见表达，无数个人的意见在特定的时空环境下，即在"场"的作用下，经过反复多次的碰撞、消融、弥合，最终形成一致性的舆论。值得注意的是，随着互联网新媒体的普及和发展，自媒体成为民间舆论场中最为喧嚣的场域，在显性的自媒体舆论背后，不应忘记潜在舆论的存在及其在民间舆论场中的重要地位。

第二部分

发展篇

第三章 社会突发公共事件情境下舆论研究面临的挑战

随着经济的发展，人们的危机意识不断提升，自然灾害、环境污染等共识型的突发公共事件相比以前更容易引发媒体关注和公众舆论。而互联网和 Web2.0 技术的发展，使得民间的口头舆论场迅速扩展到虚拟网络空间尤其是社交媒体平台上。社交媒体的互动性使得信息双向流动，公众不仅可以及时获知突发公共事件的相关信息，满足其知情权，而且能够相对自由地表达观点、交流意见，甚至通过意见领袖效应将自己的声音传递至成千上万人。由此可见，突发公共事件是进行中国社会舆论与舆论场研究无法绕过的特殊语境。

第一节 何为突发公共事件

一、危机与危机事件

国外关于危机和危机事件的研究起步很早，美国学者 Hermann (1969)首次将"危机"引入学术研究领域，他将危机描述为这样一种情境。(1)威胁到决策主体的最高目标。(2)在情境改观之前有限的反应时间。(3)发生出乎决策主体意料的事件。冷战结束后，危机的概念得到了扩展，Rosenthal(1989)[①]将危机重新界定为"一种对社会系统的基本结构和核心价值规范所造成的严重威胁，在这种状态下，由于高度的不确定性和

---

① Rosenthal U,Charles M T,Hart P T. Coping with crises:The management of disasters, riots,and terrorism[M]. Charles C Thomas Pub Ltd,1989.

时间压力，需要作出关键性决策"。Farazman(2001)将危机事件的特征概括为以下三类：(1)经常对人类的生命、组织机构和政府构成严重危害或威胁。(2)经常是突然发生、不可预料的，但也有部分可以预见、预防。(3)应对时间短暂。许多学者研究了各种类型的危机事件，包括自然灾害、环境污染、饥荒和传染病、现代科技应用带来的人为事故灾害以及国内外骚乱等(Rosenthal,1997；Lerbinger,1997)。

二、应急管理

危机事件的危害性、突发性特征与本书讨论的突发公共事件相一致，然而危机事件未必涉及广泛的公众利益，正如 Rosenthal(1997)所指出的，危机事件的波及范围既可以是国际的、国家的、地方的或组织机构的，也可以仅限于企业或个人层面的，后者不属于我们所讨论的突发公共事件的范畴。因此，我们引入西方政府管理中与紧急事件(emergency events)和应急管理(emergency management)相关的概念——公共紧急状态(public emergency)。《公民权利和政治权利国际公约》第四条(1976[①])规定，允许各国在处于公共紧急状态时(time of public emergency)减损部分特定的由公约保障的权利。《英国政府民事紧急法令》(UK Government Civil Contingencies Act)(2007[②])也规定，在出现重大紧急事件(如内乱或重大灾难)时，政府有权宣布国家处于紧急状态(state of emergency)。美国政府设立了联邦应急管理局(Federal Emergency Management Agency,FEMA)作为最高的应急管理机构，针对全国范围或地方范围的(at the state and local level)自然灾害或人为灾难(包括恐怖袭击事件)，与州政府合作进行应急管理。这里的公共紧急状态、重大紧急事件都包含了公共性特征，与一般的危机事件、紧急事件区别开来。

---

　　① Article 4 to the International Covenant on Civil and Political Rights(ICCPR)，http://www. ohchr. org/en/professionalinterest/pages/ccpr. aspx.

　　② UK Government Civil Contingencies Act. http://www. publications. parliament. uk/pa/ld200304/ldbills/077/04077. 12—18. html.

三、突发公共事件的定义与类型

本书所讨论的突发公共事件,以危机(危机事件)的概念为基础,同时借鉴了公共紧急事件所包含的公共性概念,对突发公共事件进行界定。我们认为,突发公共事件需要具备以下两个特征:(1)公共性:对广泛公众利益产生了威胁或损害,仅影响个体或个别群体利益的危机事件不属于此范畴。(2)危机性。对公众的生命安全、财产安全、公共健康和社会安全等造成威胁、伤害或负面影响。在分类标准上,参考中华人民共和国国务院(2005)颁布的《国家突发公共事件总体应急预案》①,根据危机来源将突发公共事件分为:(1)自然灾害(例如,水旱灾害、气象灾害、地质灾害、海洋灾害、生物灾害和森林草原火灾等)。(2)人为事故灾害:由于疏忽大意或现代科技应用带来的人为事故灾害(例如,企业的各类安全事故、交通运输事故、环境污染和生态破坏、网络安全事故等)。(3)公共卫生事件:包括传染病疫情、食品安全事件在内的严重影响公众健康和生命安全的事件。(4)公共安全事件:主要包括恐怖袭击事件、经济危机、涉外突发事件及大规模的抵制、纠察、静坐、游行和示威等影响社会安全和稳定的事件。本书讨论的突发公共事件均属于上述四类中的一类或同时属于多类。以2014年发生的重大突发公共事件为例,云南鲁甸6.5级地震、中国南方洪涝灾害属于自然灾害,马航客机失联事件、浙江温岭鞋厂火灾是灾难事故,西非埃博拉疫情暴发则属于公共卫生事件,广东省茂名市民众反对PX项目事件均属于公共安全事件。

第二节　突发公共事件的发展历程

2005年1月,国务院第79次常务会议通过了《国家突发公共事件总体应急预案》,于2006年1月发布并实施,从此正式将"突发公共事件"一

---

①　中华人民共和国国务院.(2005).国家突发公共事件总体应急预案. http://www.gov. cn/yjgl/2005-08/07/content_21048.htm.

词以国家法规性文件的形式确定下来。在"预案"中，突发公共事件被定义为突然发生的紧急事件，并根据事件发生过程、性质和机理被分为四大类别：自然灾害、事故灾难、公共卫生事件和社会安全事件，同时根据事件的性质、严重程度、可控性和影响范围等因素，被分为四个等级：Ⅰ级（特别重大）、Ⅱ级（重大）、Ⅲ级（较大）和Ⅳ级（一般）。国家政策层面的关注体现了突发公共事件在中国社会的重要性与紧迫性。

一、中国社会转型期的特殊场景：突发公共事件频发

近年来，随着社会经济转型，突发公共事件的发生频次及其所引发的重大危机明显增多（Zhong，2007）。上海交通大学舆情研究实验室发布的报告显示，2003～2012 年十年间，在中国引发重大舆论的突发公共事件的数量呈现上升趋势，环比增长速度逐年升高，这些事件所引发的媒体和网民关注度总体呈波动上升趋势（上海交通大学舆情研究实验室，2013）。从事件类型上看，首要的危机不再来自"国家"层面，而是与"个人"密切相关的事件，例如关于环境、社会和健康问题的突发公共事件（Zhong，2007）。

当今中国突发公共事件频发并非偶然，而是外因和内因共同作用的结果。从外部环境来看，由于现代性（modernity）和全球化（globalization）进程加深，当今世界已进入风险社会（ risk society）（Beck，1992；Giddens，1999），来自生态、经济、军事、信息等方面的风险无处不在、不断积聚，并以压倒性的方式存在着（Ulrich B，Deng Z & Shen G，2010）。各国都不是单独存在的个体，一国国内或国际社会在政治、经济、文化方面的危机将不可避免地波及全球范围，中国也不例外。

二、政府危机管理面临的挑战

危机管理和应急管理专家普遍认为，人类社会进入 21 世纪以来，新的风险和危机不断涌现，突发公共事件不仅在数量上有所增加，而且在危害性、影响范围和应对措施等方面都表现出新的特征。经济合作与发展

组织（Organization for Economic Co-operation and Development，OECD，2003）[1]在报告中指出，"人口、环境、技术和经济结构改造了传统的风险，同时导致了新型风险，出现了系统性风险。"Boin（2009）认为危机和灾难事件的成因、作用机制和对社会的影响都已发生变化。Missiroli（2006）认为欧盟在面对今天的多种突发公共事件或风险时，需要加强政策关注和跨机构、跨政府合作。突发公共事件发生后，组织机构需要及时、有效的危机管理（Shrivastava，Mitroff，Miller & Miglani，1998），而危机传播在突发公共事件的危机管理中扮演着重要角色。有学者认为危机管理本身是"一个动态的危机传播过程"（Coombs，1999），危机传播的效果决定危机管理的成败（赵路平，2007）。在危机传播过程中，媒介发挥着重要作用，它不仅仅是信息的载体，而且影响着危机传播的效果及危机回应策略的有效性（Coombs，2009；Schultz，Utz & Göritz，2011）。

在中国，特殊的社会传统和变化的媒介生态使得突发公共事件的危机传播更加复杂。一直以来，中国社会存在着两个不完全重叠的舆论场，一个是"主流媒体舆论场"，另一个是公众议论纷纷的"口头舆论场"（南振中，2003）。[2] 中国传统的媒介体制决定了无论是主流媒体还是市场化媒体与政府之间都存在特殊的从属关系，媒体被视为"党和政府的喉舌"（Zhao，1998）[3]，发出的声音具有高度同质性（Brady，2006；Sparks，2008），是舆论引导的权威机构和重要工具，也是政府危机管理和危机公关的组成部分。随着 Web2.0 时代的来临，以互联网尤其是自媒体平台为代表的民间舆论场，不仅是民意汇集的广场，而且扮演着特殊的民意表达通道角色。民间舆论场的众声喧哗不仅改变了部分突发公共事件的进程，推动公共舆论的共识和重塑，而且在一定程度上推动了突发公共事件中的政府决策，形成网络舆论倒逼政府改革的局面（祝华新，2011）。王贵

---

① Hood J. Emerging Risks in the 21st Century：An Agenda for Action[J]. Risk Management，2005，7(2)：69—70.

② 南振中. 把密切联系群众作为改进新闻报道的着力点[J]. 中国记者，2003，3(11).

③ Zhao Y. Media，market，and democracy in China：Between the party line and the bottom line[M]. University of Illinois Press，1998.

斌等人(2013)指出,社交媒体可能成为"聚合社会力量的工具",而基于社交媒体的集合行为往往深受"社会传统"的影响。伴随自媒体的诞生,勒庞在《乌合之众》一书中所提到的集合行为的媒介情境趋于扩大化和虚拟化。在自媒体平台上,信息传播行为不再是私人的信息分享,而是上升为一种广泛的、超越时空限制的社会公众参与。从这一角度来看,自媒体等新媒介在中国社会的突发公共事件中不仅扮演着危机传播过程中的重要媒介,也对公众话语表达和政治参与进行了技术赋权。

第三节　突发公共事件情境下舆论研究面临的挑战

一、中国社会舆论格局改变

随着 Web2.0 时代的来临,新媒体新技术的迅猛发展,不仅极大改变了新闻生产方式,也深刻改变着媒体格局和舆论生态,舆论学研究正处于一个重要的历史节点。基于前文的实证分析和理论阐释,可以发现中国社会转型期的舆论格局改变主要体现在以下三个方面。

第一,官方舆论场的地位受到挑战。一直以来,政府和主流媒体是官方舆论场中重要的信息发布主体和舆论引导主体。然而,随着新媒体的崛起,政府和主流媒体对突发公共事件信息的绝对控制权、垄断权被民间舆论场的发达信息渠道所突破,官方舆论场的地位受到挑战。

第二,官方舆论场主动寻求变革。面对社会环境与媒介环境变化带来的挑战,官方舆论场主动求新求变。一方面,政府面对突发公共事件,开始转变执政观念、执政方式和新闻发布理念,加强舆论引导,提升新闻发布的能力和水平,以适应时代发展和受众需求。另一方面,主流媒体积极适应移动互联网的发展趋势,推进媒体深度融合。总体而言,官方舆论场中的参与主体通过构建"两微一端"新媒体发布矩阵,实现发布渠道多元化,最大限度地与民间舆论场在媒介维度上发生重叠甚至覆盖。

第三,民间舆论场在舆论表达主体、渠道与内容方面均迎来了升级。

在主体上，随着中国社会经济发展水平的提高，社会公众的政治素质与媒介素质有所提高，对于突发公共事件的态度也发生转变，人们更加愿意主动发表观点、设置议程、表达诉求，通过围观式参与和话语参与、网络参与等特殊的政治参与形式积极参与到突发公共事件的讨论中来。在渠道上，随着互联网和新媒体技术的发展，更多的媒介平台涌现出来，自媒体所包含的范围愈发广泛，信息传播速度与组织形式也不断进化，使得社会公众所能进行舆论表达的空间更大、速度更快、能量更高。在内容上，民间舆论场自诞生以来就具有草根化、非专业化、分散化的特征，自媒体的崛起使大量分散的、彼此隔离的、无组织的舆论汇聚起来，有了碰撞、交流、融合的机会，从而形成丰富多元、角度各异、影响力巨大的一致性舆论。民间舆论场逐渐成为当代民众思想文化信息的集散地和社会舆论的放大器（童兵，2013）。

二、舆论研究数据更加复杂

随着大数据时代和融媒体时代的来临，舆论研究所涉及的数据这一直接研究对象表现出更加复杂的新特征，给舆论研究和舆论引导工作都带来新挑战。

首先，舆论研究所涉及的数据具有海量性。随着大数据时代的来临，在互联网尤其是自媒体平台上的用户原创内容（UGC）持续呈爆炸式增长。随着大数据存储技术的发展，这些海量数据的记录和存储成为可能。以自媒体平台上的民间舆论数据为例，大量网民在自媒体平台上表达的文字、图像和影音数据记录和反映了他们的行为、思想和情感状况，暗含着网民的意见与诉求，通过分析其中规律和特征，能够帮助官方舆论场掌握民间舆论的动态。

其次，舆论研究所涉及的数据来源多元。随着舆论场域的不断细分，舆论研究相关数据包括来自政府与主流媒体通过传统媒体发布的文本及非文本数据、来自自媒体平台的富文本数据、来自现实生活中的民意调查数据等。因此，在融媒体时代，需要突破传统舆论研究的狭窄视域，跨平台、跨媒介、跨场域地收集舆论数据并分析舆论态势。

最后,舆论研究所涉及的数据具有明显的异构性特征。随着互联网及信息化进程不断加深,大量基于互联网和新媒体的文本、图像等非结构化数据增长极为迅速,为舆论研究带来了挑战。一般而言,可以通过"非结构化数据—半结构化数据—结构化数据"的方式,实现舆论相关数据从非结构化向结构化的转换,最终与结构化数据统一存储、管理和应用。而随着大数据时代的到来,传统舆论研究只重视话语表达的单向度研究视角必须改变,话语仅是一种外在的社会表达,是显性的舆论,未必能够有效地窥探出主体深层次的心理与行为。因此,未来舆论研究所需要分析的数据,不再局限于文本数据,而是可能包括图像、视频等富文本数据以及社会关系等网络型数据。

三、舆论研究方法存在缺陷

面对愈发复杂的舆论格局,当前舆论研究方法尚存在缺陷,难以完全适应突发公共事件中不断涌现的新现象、新问题。目前,各种定性与定量舆论研究方法种类繁多,来自传播学、社会学、心理学和计算机科学等多个学科领域,具体包括民意调查、大数据挖掘、焦点小组座谈、控制实验和内容分析等。面对多种多样的舆论现象和问题,常用的社会科学分析方法包括:传统媒体内容分析——如针对国际主流媒体内容分析;网络传播内容分析——互联网与社交媒体大数据分析;受众调查研究——如了解媒体受众的观念、态度、行为变化及其影响因素。然而,随着媒介环境与社会环境的日趋多元和复杂,传统的舆论研究方法受到严峻挑战。同时,新兴的舆论研究方法不断涌现,但在准确性、真实性和代表性方面仍备受质疑。在此背景下,如何获取真实的民间舆论、如何科学地分析民间舆论是官方舆论场展开舆论引导工作面临的巨大挑战和必修课。

第四章　社会舆论场的形成与发展

第一节　"两个舆论场"的提出：主流媒体舆论场与口头舆论场

中国社会存在的"两个舆论场"一说最早是由新华社原总编辑南振中提出，南总编辑对这个问题的思考始于 1997 年一连串重大政治事件和改革深化带来的一系列社会问题，随后于 1998 年 1 月在新华社内部工作会议上，他将马克思关于"表达社会舆论"观点同新闻实践结合起来，提出了正确处理"两个舆论场"的关系问题（陈芳，2014）。[①] 该讲话稿在修改后刊登于 2003 年第 3 期的《中国记者》，指出在现实生活中，存在着两个并不完全重叠的"舆论场"：一个是主流媒体着力营造的"媒体舆论场"，一个是人民群众议论纷纷的"口头舆论场"（南振中，2003）。[②] 不难发现，南振中所提出的"两个舆论场"具有鲜明的时代特征：其一，"主流媒体舆论场"的声音尽管与党和政府保持高度一致，但仍在一定程度上保留了大众传播媒介对于政府的监督功能以及上情下达的沟通功能；其二，由于彼时互联网刚进入中国，成熟的网络环境和网民群体尚未成型，因此代表民间舆论的"口头舆论场"仍侧重于口口相授的传播渠道和街谈巷议的传播情境，具有议题广泛但难成规模、敏锐度高但稍纵即逝、感情色彩浓厚等特点，既是社会的"风向标"，但也难免存在片面、夸张、过度渲染等缺点。

①　陈芳.再谈"两个舆论场"——访外事委员会副主任委员、全国人大常委会委员、新华社原总编辑南振中[J].中国记者,2013(01):43—46.
②　南振中.把密切联系群众作为改进新闻报道的着力点[J].中国记者,2003(03):10—14.

第二节　"两个舆论场"的演变：官方舆论场与民间舆论场

随着中国媒介环境的变化，"两个舆论场"的划分在表述上发生了细微的变化，具体体现为以下两点。第一，进一步明确了主流媒体的官方属性，用"官方舆论场"涵盖了主流媒体和政府新闻发布机制。如童兵（2012）指出，官方舆论场是依托报刊、电台、电视台等主流媒体和新闻发布机制构建起来的，旨在宣传和解释党和政府的大政方针以及社会主义核心价值观的舆论场。第二，互联网的发展促使"网络舆论场"的形成，"口头舆论场"升级为更加广义的"民间舆论场"。随着互联网在中国的迅速发展，普通民众的发声渠道不再限于口耳相传，而是拓展到互联网平台，积极进行民意表达、公共参与，形成众声喧哗的"民间舆论场"。

这一时期关于"两个舆论场"的研究集中在官方、民间舆论场的异同比较上，分别归纳两个舆论场的特征，尤其是两者之间的分歧。其中，官方舆论场的特征是：信息具有全面性、权威性、专业性方面的优势（周培源，2012），但由于内容审查严格，侧重正面宣传和维稳功能，可能对时效性带来损害，导致公信力缺失。而民间舆论场的特征是：无组织性、自发性，民间是"分散的、自由的、任意流动的"，具有明确的利益诉求，但也存在着"非理性、信息失真、意见失当"等缺陷（童兵，2012）。①

第三节　融媒体时代的多元舆论场

在新媒介技术、新媒体平台不断涌现的 21 世纪，媒体融合成为主流发展趋势，传播主体与传播平台积极寻求融会贯通的新型传播方式，融媒体时代研究来临，中国社会的"两个舆论场"迎来了新的变化，具体表现为：一是官方舆论场的扩张，二是民间舆论场的分化。

---

① 童兵.官方民间舆论场异同剖析[J].人民论坛，2012（13）：34—36.

首先是官方舆论场的扩张。由于中国媒介的体制原因，原先的官方舆论场主要以党报为核心的官方媒体为基础，根据执政党的意志生产并宣传官方舆论，因此也被称为体制内舆论场、宣传场等。然而随着互联网与新媒体技术的发展，以及官方舆论场的信息传播渠道的扩张，随之而来的是政府对于突发公共事件信息的直接发布能力增强，信息传播链条缩短，跳过了以媒体为中介的二级传播模式。在互联网技术尚未发达时，新闻发布会是政府新闻发布的一种传统渠道，主要通过报纸、电视等传统媒体将政府新闻发布会会议现场的信息加工、提炼后传播给受众。而在新媒体时代，公众的信息来源丰富，不再是媒体对政府新闻发布会的二手报道，而是通过网络直接接收着来自政府新闻发布会现场的文字、图片、语音和视频等多种形式的一手信息。另一方面，主流媒体的宣传阵地不再局限于党报、党刊、党台等传统媒介，而是积极向网络平台扩展，打造"两微一端"的新型主流媒体，利用技术之便利扩大官方舆论的影响力。

其次是民间舆论场的分化。由于庞大的人口基数和高速发展的新媒介技术，中国社会拥有全球最庞大、最复杂、最喧嚣的民间舆论场。随着互联网的发展，民间舆论场逐渐划分出线上与线下、虚拟与现实之别。其中，线下的民间舆论场仍建立于口口相传、街谈巷议的人际传播之上，即"口头舆论场"或"潜在舆论场"；而线上的民间舆论场则由于互联网与新媒体技术的发达，赋予了普通网民极大的话语权，迈入人人都有麦克风的众声喧哗时代，形成了"自媒体舆论场"。而口头舆论场与自媒体舆论场所代表的民意，多被认为是不一致的，多数学者认为"网络民意不等于民意"，这主要是由于网络民意存在"代表性问题""真实性问题"和"群体极化现象"等问题（毕宏音，2008）。[①]

从宏观角度来看，多元舆论场的形成是后现代社会的必然结果，一方面随着社会转型的深化，意识形态领域中的多元化势不可挡，另一方面，

---

① 毕宏音. 网民的网络舆情主体特征研究[J]. 广西社会科学，2008（7）：166－169.

以互联网为代表的新兴媒介平台与传播技术在不断涌现,共同促成了多元舆论场并存的中国舆论新格局。

第五章 社会舆论场参与主体的角色嬗变

在中国社会舆论场中，政府、媒体和公众是三股互相独立又彼此牵涉的力量，分别担任着不同的角色，发挥着不同的功能。从公共管理学的研究视角来看，政府是社会公共事务的管理者，拥有巨大的权力以及社会资源的控制权和处置权，同时又有责任和义务为社会公众提供公共服务，维护公共利益，缓解社会冲突，调和社会矛盾，维持社会正常运转秩序。媒体在突发事件中扮演着信息传播中介的效果，但绝非简单的政府"传声筒"和民意"记录者"，而是通过对信息有目的地选择、组织和呈现传达价值信念，对政府和公众产生影响。公众是突发公共事件舆论表达主体和舆论生成及演变的主要力量，同时也是政府与主流媒体等官方机构舆论引导的目标。公众在突发公共事件舆论引导中的角色看似为被动的受众，实际上却表现出很强的主观能动性，社会公众的意见和行为是最终决定舆论引导成败的关键和落脚点。

第一节 政府：从控制者到引导者

一直以来，舆论引导都是国家政策层面的重要工作。1994 年，江泽民在全国宣传思想工作会议上提出"以正确的舆论引导人"。[①] 2008 年，胡锦涛在视察人民日报社时强调"要把提高舆论引导能力放在突出位置"。党的十八大报告提出，要"用社会主义核心价值体系引领社会思潮、凝聚社会共识"，要"牢牢掌握意识形态工作的领导权和主导权，坚持正确

---

① 江泽民. 在全国宣传思想工作会议上的讲话（一九九四年一月二十四日）[M]. 北京：人民出版社，1994.

导向，提高引导能力，壮大主流思想舆论"。① 2016 年，习近平在党的新闻舆论工作座谈会发表重要讲话，强调"党的新闻舆论工作是党的一项重要工作，是治国理政、定国安邦的大事，要适应国内外形势发展，从党的工作全局出发把握定位，坚持党的领导，坚持正确的政治方向，坚持以人民为中心的工作导向，尊重新闻传播规律，创新方法手段，切实提高党的新闻舆论传播力、引导力、影响力和公信力"。②

经过数年的成长，如今政府在突发公共事件危机传播方面已经积累了一定经验，建立起较为规范和成熟的突发公共事件信息发布机制，在事件相关信息的控制尺度上逐渐放开，对强化舆论引导能力的内在需求愈发强烈。

第二节　主流媒体：从喉舌到守望者

在现代社会里，大众媒体具有特殊的社会功能和属性，尤其是在我国特殊的媒介体制下，主流媒体兼具政治属性、资本属性和媒体属性，在突发公共事件新闻报道中扮演着"党的喉舌""资本的仆从"和"社会责任的守望者"三重角色，这三重角色同时存在又彼此牵制。

一、主流媒体的政治属性

在任何一个国家或社会中，新闻媒体都并非完全独立的，而是不可避免地拥有该国意识形态和价值观念的烙印。在我国的媒介体制下，主流媒体作为国有新闻事业单位，是党和人民的喉舌，是无产阶级新闻事业的一部分，政治属性不可避免。习近平在 2016 年 2 月召开的新闻舆论工作座谈会上，强调"党的新闻舆论工作是党的一项重要工作，是治国理政、定

---

① 胡锦涛. 坚定不移沿着中国特色社会主义道路前进为全面建成小康社会而奋斗——在中国共产党第十八次全国代表大会上的报告[J]. 2012(2)：6—25.

② 习近平：坚持正确方向创新方法手段 提高新闻舆论传播力引导力[N]. 2016-2-20. http://news. xinhuanet. com/zgjx/2016-02/20/c_135115968. htm.

国安邦的大事",可见主流媒体的党性与政治性,以及主流媒体的舆论引导工作已上升为影响着中国社会发展和国计民生的政治问题。我国主流媒体的党性和政治性决定了其在突发公共事件中不仅承担着新闻报道的职责,也承担着宣传任务。作为舆论机关,我国主流媒体不仅具有客观反映舆论的功能,同时也具有主观引导舆论的任务。以"天津港 8·12 特大爆炸事故"为例,我国主流媒体的代表——《人民日报》在整个事件进展过程中积极营造正面的舆论环境,在报道主题方面有意识地突出政府危机应对的有力作为,在新闻框架方面较多地采用人情味框架和领导力框架,向社会公众传递正能量,起到稳定民心的作用,官方喉舌的政治属性明显。

二、主流媒体的资本属性

随着媒介市场化、产业化进程的加深,主流媒体也不可避免受到市场的影响。从现代经济学的视角来看,资本和市场化为主流媒体的发展壮大注入了活力,提高了效率。在"看不见的手"的作用下,主流媒体对于突发公共事件的新闻报道必将更加注重受众的需求和反馈,真正实现"为人民服务"。然而,资本对于主流媒体是一把"双刃剑",随着市场化程度的进一步加深,需要格外关注资本属性对于主流媒体新闻报道的影响,既要防止主流媒体盲目迎合受众,又要防止主流媒体屈服于资本利益集团。李希光(2014)①曾犀利地批评部分主流媒体受资本控制导致在传统媒体和网络端"人格分裂",认为资本权贵集团的渗透与侵蚀造成网络上包括主流媒体在内的大量媒体在重大政治问题上的言论和立场严重同质化,主流媒体从党的喉舌转变为"资本的喉舌",从而导致受众变成缺乏独立思考和判断能力的"媒体奴隶"。值得庆幸的是,本书以《人民日报》报纸、微博、微信端的实证研究表明,在"天津港 8·12 特大爆炸事故"中主流媒体的报道框架和报道主题具有一致性,不同渠道仅造成报道形式存在较

---

① 李希光.受资本控制,部分主流媒体渐成"媒奴"[EB/OL].2014-12-08,http://www.wyzxwk.com/Article/shidai/2014/12/334017.html.

大差异，主流媒体"人格分裂"的异化现象尚未出现。

三、主流媒体的新闻专业主义精神

随着移动互联网时代的来临，民间舆论场涌现了大量的"公民记者"，然而在突发公共事件的特殊情境下，媒体尤其是主流媒体仍是社会公众最重要的信息来源渠道，体现了主流媒体的权威性、专业性和公信力。主流媒体作为新闻媒体中的中流砥柱，仍须坚守严谨、负责、自律的新闻专业主义精神，成为社会的良心和守望者。

从新闻专业主义的角度，主流媒体关于突发公共事件的新闻报道必须以事实为依据，真实、全面、客观地呈现突发公共事件的方方面面。在突发公共事件所引发的社会失序和震荡环境中，主流媒体的价值在于沟通政府与社会公众，扮演中介与桥梁的角色，传递事实、观点和价值观念，使舆论朝向向有利于突发公共事件解决的方向转变。

第三节 公众：从被动接受到主动诉求

总体来看，中国社会公众经历了信息接收者、信息寻求者以及信息传播者的进化过程。从传统角度看，公众是突发公共事件信息的接受者，是政府和媒体舆论引导的客体与目标。当突发公共事件发生后，公众出于自身利益和趋利避害的本能，往往对于事件影响信息予以高度关注，主动寻求信息来源，并积极将了解到的信息扩散出去。Web2.0时代为公众跨越物理距离和速度的限制进行突发公共事件信息传播提供了技术支持，公众在舆论引导过程中的话语权和地位都得到了提升，在这个人人都有"麦克风"的年代，民间舆论表达更加清晰、直观地呈现在官方舆论引导的主体面前，迫使他们不得不在各种决策时考虑民间舆论的影响。这种民间舆论倒逼官方的成功经验进一步刺激了公众舆论表达与政治参与的热情，民间舆论场的话语权进一步提升。随着中国社会经济发展水平和国民受教育程度不断提升，公众对突发公共事件信息的关注与需求体现出更加明显的公共性和权利诉求。公众的关注点不再仅仅局限于与自身利益直接相关的突发公共事件和议题,而是对于一些在地域、阶层、现实利益上都与自身距离较远的突发公共事件投以关注与兴趣。

综上,本章讨论了中国社会舆论场域中的参与主体及其关系。在官方舆论场中,政府和主流媒体是主要的参与主体,即扮演着突发公共事件信息发布者、传播者的角色,又在必要时刻承担着舆论引导的任务。其中,政府通过新闻发布会、官方网站、政务新媒体等多种渠道发布官方信息、公开政务活动,主流媒体则是在传统媒介和新媒介平台上就突发公共事件展开新闻报道,既反映党和政府的路线方针政策,又表达民情民意,发挥上承下达的作用。在民间舆论场中,社会公众作为舆论表达主体,是一个整体性概念。社会公众从自身利益和情感的角度出发,通过不同的形式进行舆论表达,无数个人的意见在特定的时空环境下,即在"场"的作用下,经过反复多次的碰撞、消融、弥合,最终形成一致性的舆论。随着互联网的发展,喧闹的自媒体舆论场成为民间舆论场的研究重点,但我们认为不应忽视潜在舆论的存在,并应当关注潜在舆论主体的心理动因与行为模式。官方舆论场与民间舆论场中的参与主体之间,存在辩证而统一的关系。政府、主流媒体和社会公众互相作用、互为前提,同为社会舆论场不可分割的组成部分。三者之间既保持相互独立,又需要在公共空间里沟通对话,进行互动,最终达成共识。

第六章 "两个舆论场"的错位现象及其原因分析

　　根据布尔迪厄的场域理论,场域具有独立性、封闭性和竞争性的特点。自场域形成初期,就各自拥有一套运行规则和内在逻辑,导致不同的场域之间从先天上就存在区隔。此外,不同场域中的行动者为了有别于其他行动者,维持自身的主导性地位,也倾向于创造差异来保持场域的独立性和封闭性。在场域理论视阈下,习惯与资本决定着场域的运动与发展。场域内部的行动者为了争夺更多的资本,彼此之间存在竞争关系。对于占据有利地位的行动者而言,倾向于采取守势,维护自身主导地位;而对于处于弱势地位的行动者而言,必须主动采取攻势,与其他行动者激烈地竞争,通过改变场域内在规则而构建起对自己有利的发展环境,获得更多的资本和地位。

　　在中国社会,官方和民间舆论场的存在,尽管有利于多元化的表达和话语权的平均,但两个舆论场背后所代表的不同利益群体,奉行不同的原则和价值观念,彼此之间存在对资源和话语权主导地位的争夺,即使是面对同一事件也会衍生出不同的解读,这种观点、意见和态度上的分化是无法通过简单的物理性媒体融合避免的。

第一节　时间上的错位

　　突发公共事件发生后,官方舆论场和民间舆论场的反应速度不同,直接导致了两个舆论场的形成过程并非完全同步,并且通常表现为官方舆论场滞后于民间舆论场。造成这一现象的原因主要有两个,一是官方舆论场相对严格的审查制度,二是民间舆论场的多节点裂变式传播模式。首先,以自媒体为传播平台的民间舆论场由于互联网的开放性、高速性特征,使其在信息发布和传播时突破了时空限制,来自不同地区的人们可以就某一事件或某一议题发表意见,进行讨论。而政府和主流媒体等官方舆论场的参与主体则受限于严格的审查制度和较高的内容质量要求,往往在信息发布和新闻报道方面落后于民间舆论场。其次,民间舆论场的参与主体是广大社会公众,数量众多、高度分散、并形成了线上线下的种种人际关系网络,在庞杂的网络中,每一个节点的参与都推动了关于突发公共事件信息和议题的传播呈几何级数增长和裂变式扩散。相比之下,政府与主流媒体尽管在融媒体时代加速推动"两微一端"发展,并在新媒体矩阵建设方面取得了一定成绩,但从主体数量和分布上仍不可与民间舆论场同日而语,因此官方舆论场的信息传播与扩散速度不及民间舆论场。

本书认为,官方舆论场和民间舆论场在时间上的错位现象有其合理之处。长期以来,中国社会的官方舆论场出于专业性、权威性等多种因素,比民间舆论场拥有更多的符号资本和话语权力。随着新媒体的快速发展,民间舆论场在媒介赋权的过程中获得了一定的资本和话语权,对官方舆论场的垄断造成冲击,两者都在争夺中国社会舆论场域内有限的话语权。作为后起之秀,民间舆论场尤其是其中的自媒体更加活跃,偏好于采取激烈的攻势甚至颠覆性态势来主动争夺话语权,相比之下官方舆论场仍处于主导地位,偏向于以保守的姿态维护话语权,因此民间舆论场在舆论形成与扩散速度上的领先是自然的,符合场域发展变化规律的。

第二节 议题上的错位

官方舆论场与民间舆论场背后的利益主体不同,官方舆论场代表了政府及精英阶级的价值取向,而民间舆论场则代表了以底层民众为主的广大社会公众的利益。两个舆论场在面对突然爆发的自然灾害或人为事故灾难时,各自的关注角度有所差异,所呈现出的舆论热点议题也经常表现出不一致性。

通过对"8·12天津港爆炸事故"的实证分析,本书发现官方舆论场强调危机应对议题与风险调控框架,民间舆论场侧重于人文关怀议题与风险反思框架。换言之,官方舆论场更加关注对于事故的救援工作,侧重于凸显危机应对能力和应急管理能力,而民间舆论场更加关注事件发生的原因和相应的责任归属问题,以及官方能否公开、公正、公平地处理事件。

场域理论为中国社会官方与民间舆论场的议题错位现象提供了理论解释。在场域理论的视角下,社会中各个场域都拥有各自的价值观念、原则、结构和运行规律,表面的错位往往源自深层的利益冲突。因此,舆论场域之间的对立和错位往往与其背后的利益诉求冲突有关。

第三节   情感上的错位

官方舆论场与民间舆论场在情感上的错位主要体现在以下两方面。

第一,官方舆论场和民间舆论场在情感的倾向性上存在错位,官方舆论场态度中立,偏向正面宣传,而民间舆论场的舆论情绪两极化且偏向负面。在官方舆论场内部,政府与主流媒体由于自身不同的定位与功能,在情感倾向性的分布上也存在差异,政府更偏向于正面宣传,而主流媒体则严格遵循事实框架,中性报道占绝大多数。

第二,官方舆论场和民间舆论场的情感指向对象不同。官方舆论场所传达的褒扬、致敬、感动等正面情感主要指向英勇救灾、不惧艰险的消防战士、民警等对象,而哀悼、悲伤、痛苦等负面情感主要指向牺牲的救灾英雄及其家人,体现了政府与主流媒体注重树立典型英雄形象,引发公众情感共鸣,以达到宣传政府作为、提升政府形象的目的。然而,在民间舆论场中,正面情感的指向同样是消防战士、医护人员、志愿者等,但在负面情感的指向上,除了对遇难者的哀悼与悲伤情绪,还存在大量的质疑、指责、批评甚至愤怒的情绪。

第七章 "两个舆论场"的互动机制研究

第一节 官方与民间舆论场互动的基础

一、官方舆论场与民间舆论场的空间存在重叠

在新媒体环境下,官方舆论场和民间舆论场的信息传播渠道多样化,空间重叠度增加,为两者的互动提供了物理可能性。在传统媒体时代,官方舆论场的信息发布与舆论引导主要通过主流媒体报纸、电视等渠道完成。随着互联网引入中国,政府和主流媒体纷纷建立官方门户网站,推行电子政务和无纸化。近年来,随着移动互联网技术的普及和新媒体平台的涌现,官方舆论场在互联网上进一步扩张,与民间舆论传播渠道重叠,这就为官方与民间舆论互动提供了基础。

二、在风险面前,官方与民间舆论场的利益诉求具有一致性

在面对可能危及共同利益的突发公共事件时,官方与民间舆论场在价值取向与现实目标上最容易达成一致,实现互动、共振甚至融合。本书在之前的实证研究部分已经发现,尽管官方和民间舆论场在议程设置、框架应用方面具有诸多差异,但面对突发公共事件还是达成了部分共识,例如对于人文关怀类议题的倾斜以及在新闻通用框架上的重叠。不难发现,在共同的风险面前,政府、主流媒体和社会公众具有共同的利益诉求,那就是以人为本,将事件损失降至最小,保障人身财产安全及社会稳定,维护社会正常运转。

三、官方与民间舆论场的关系不断变化

根据场域理论，场域之间的关系是动态的，在各种因素影响下处于不断变化之中，其中起决定作用的是资本。各个场域之间相互作用和变化的动力来自不同行动者的不对等关系，随着行动者不断竞争，场域内部结构和场域之间的关系也随之变化，新的场域可能诞生。对于舆论场来说，官方舆论场和民间舆论场作为其中主要的子场域，既存在互相竞争和博弈的对立关系，也存在共生共荣的协同关系。从直观上看，舆论场的核心资本是话语权，官方和民间主体所尽力争夺的也是话语权。每当突发公共事件爆发，就是一次激化两个舆论场的争夺与竞争关系的导火索，通过信息发布、议程设置、舆论引导等传播活动，官方与民间舆论场在不断地重塑自己，重塑对方。

第二节　官方舆论场对民间舆论场的引用与回应机制

一、官方舆论场对民间舆论场的信源引用

通过统计"8·12 天津港爆炸事故"这一案例中各舆论场中多种舆论传播渠道的舆论信源分布，可知政府与主流媒体舆论场最主要的信源是政府，例如政府新闻发布会的信息来源 100％为政府，主流媒体报纸的新闻报道中也有超过八成以政府为消息源。然而，自媒体与潜在舆论场的最主要消息源则为新闻媒体，分别为 44.6％和 56.7％（见表 7—1）。简言之，官方舆论场的首要信源为政府，民间舆论场的首要信源为新闻媒体，这符合突发公共事件信息的一般传播规律。值得注意的是，随着互联网的发展，自媒体舆论场的信源功能逐渐显现，尤其是对于潜在舆论场的调查发现，37.2％的受访者表示论坛、微博、微信等自媒体平台是其获知突发公共事件信息的渠道。民间舆论场尤其是自媒体舆论场逐渐被官方舆论场重视，来自互联网的声音被政府及主流媒体的多个传播渠道作为信

息来源引入新闻报道中,官方话语展现出主动与民间话语互动的积极姿态。

表7—1 两个舆论场中各参与主体的信源分布

舆论场	信源	政府	新闻媒体	当地民众	普通网民
政府舆论场	新闻发布会	100.0%	0.0%	7.1%	0.0%
	政务微博	75.3%	0.0%	11.7%	1.3%
	政务微信	67.9%	14.3%	3.6%	10.7%
主流媒体舆论场	报纸	86.6%	2.4%	13.4%	9.8%
	主流媒体微博	45.0%	27.5%	2.3%	5.3%
	主流媒体微信	88.2%	41.2%	11.8%	29.4%
自媒体舆论场		12.0%	44.6%	0.0%	8.4%
潜在舆论场		9.8%	56.7%	18.0%	37.2%

数据来源:"8·12天津港爆炸事故"案例编码。

二、官方舆论场对民间舆论场的回应与辟谣

我国传统媒介体制造成了大众传媒时代官方舆论场和民间舆论场的二元对立,彼时的信息传播基本是单向的,官方话语占据强势地位,而底层的民间声音则难以上传。进入Web2.0时代,互联网和新媒体技术赋予了普通公众更多的知情权和表达权,激发了他们政治参与的热情,也使潜在舆论在自媒体平台上显性化,有利于增进官方对于民间舆论场的了解和掌握。在"天津港8·12特大爆炸事故"中,政府与主流媒体舆论场通过多种传播渠道所发布的信息和新闻报道中,信息辟谣和舆论回应成为一项重要议题。

经统计发现,该类议题在官方舆论场发布信息中的占比较高,可以发现政府新闻发布会、"平安天津"政务微博、政务微信中舆论回应与信息辟谣类内容分别占比21.4%、9.1%、14.3%,《人民日报》报纸、微博、微信中舆论回应与信息辟谣类内容分别占比19.5%、9.9%、11.8%。进一步深入分析可以发现,官方舆论场通过新闻发布会、报纸等传统方式发布的

信息中，信息辟谣类主题的比例更高，依托微博、微信等新媒介方式发布的信息辟谣类主题所包含的信息量更加密集，往往集中在一至两则消息中集中澄清多个谣言。此次突发公共事件中，一些在自媒体平台上广泛流传的谣言，如"海河死鱼""最帅的逆行""CNN 记者采访遭围攻""天津卫视不播事故播韩剧"等，都被政府或主流媒体及时辟谣、澄清，形成了舆论反转，有效地重新掌握了话语权。

第三部分

实证篇

第八章　官方舆论场中的政府信息发布

在突发公共事件中,政府既是应急管理者,又是最权威的官方信息发布者。各级政府或政府部门通过新闻发布会、官方网站、政务新媒体等多种信息发布方式,发布官方信息,公开政务活动,形成官方声音。现有的政府新闻发布方式包括召开政府新闻发布会,向媒体发布新闻稿、组织媒体报道、接受记者采访、召开记者招待会等,在官方网站、官方微博、官方微信发表公告或声明,以及政府信息公开查阅服务中心、政府张贴告示等本地的区域性发布方式。可以发现,政府信息发布渠道不断拓宽,从早期的严重依赖于媒体进行二次传播,到如今的通过政府网站和政务新媒体直接接触受众,政府与主流媒体出现了分野,在官方舆论场下形成了相对独立和完整的子场域。一般而言,政府通过上述几种渠道发布的官方消息,具有较为统一的意识形态和价值导向,直接体现了党和政府的意志。然而,随着互联网和新媒体技术的快速发展,各种渠道所传播的信息是否会呈现出一些差异? 政府舆论场在规模扩大的同时是否面临着进一步细分化、差异化? 为此,本章以"天津港 8·12 特大爆炸事故"为研究案例,挑选政府新闻发布会、政府门户网站、政务新媒体作为传统媒体时代、Web1.0 时代、Web2.0 时代的典型政府信息发布方式,深入分析政府舆论场的信息发布特征。

第一节　政府信息发布渠道变迁

一、政府新闻发布会

新闻发布会(press conference)的概念源自现代公共关系学,是一种通过组织和利用新闻媒体发布信息和塑造形象的公共关系手段，常被政府机关、政党团体、单位和个人所应用。顾名思义，政府新闻发布会通常由政府机构主办，邀请新闻媒体参与，围绕特定议题由新闻发言人或政府机构负责人发布相关信息或表明立场态度，同时回答媒体记者的提问。在传统媒体时代，政府新闻发布会是政府主动公开信息、维系公共关系和调控社会舆论的重要方式。有数据表明，2012～2015 年，国务院新闻办围绕党和国家重要会议、重大决策和重点工作，组织新闻发布会 322 场，党中央、国务院以及地方党委、政府共组织新闻发布会 9 300 余场。①

2015 年 8 月 12 日"天津港 8·12 特大爆炸事故"发生后，天津市政府新闻办于 8 月 13 日至 8 月 23 日这十一天之内，先后举行了十四场政府新闻发布会，基本信息如表 8—1 所示。本节结合重大事故灾难的时效性特征，在拉斯韦尔提出的 5W 传播模式基础上增加"发布时间（When）"这一要素，对"天津港 8·12 特大爆炸事故"发生后的十四场政府新闻发布会，从发布时间、发布渠道、发布内容和发布效果等维度，研究政府新闻发布会的信息发布特征。分析发现，"天津港 8·12 特大爆炸事故"的十四场政府新闻发布会遵循"连续每天至少发布一场"和"先密后疏"的频率，在灾难事故发生后的第三天、第四天以及第七天均于同一日举行了两场发布会，以便及时发布更多的信息。从发布时间来看，十四场新闻发布会中有 6 场于上午召开，8 场于下午召开（见表 8—1）。

表 8—1　　"天津港 8·12 特大爆炸事故"政府新闻发布会基本信息

发布场次	发布时间	是否准时	发布地点	发布主体	出席人员（出席人数）
1	8 月 13 日 16：30	是	美华大酒店	天津市政府新闻办	张勇、周天、王建存、温武瑞（4）
2	8 月 14 日 10：13	延迟			龚建生、周天、王建存、高怀友、王连卿、冯银厂（6）

①　中华人民共和国国务院新闻办. 国家人权行动计划（2012—2015 年）实施评估报告. 2016—6—14. http://news. xinhuanet. com/politics/2016—06/14/c_1119038762. htm.

续表

发布场次	发布时间	是否准时	发布地点	发布主体	出席人员（出席人数）
3	8月14日 18:00	是			龚建生、周天、张锐钢、郭志寅、尹占春(5)
4	8月15日 10:00	是			龚建生、高怀友、包景岭(3)
5	8月15日 17:00	是			龚建生、周天、王建存、徐岗、李怡爽(5)
6	8月16日 10:00	延迟	美华大酒店	天津市政府新闻办	龚建生、鲁泽、包景岭(3)
7	8月17日 11:00	是			龚建生、何树山、王建存、包景岭(4)
8	8月18日 11:00	是			龚建生、宗国英、鲍迎祥、包景岭(4)
9	8月19日 11:00	是			龚建生、曹小红、郑庆跃、包景岭(4)
10	8月19日 16:00	是			龚建生、黄兴国、宗国英、何树山、温武瑞(5)
11	8月20日 16:00	是			龚建生、田为勇、邓小文(3)
12	8月21日 16:30	是	万丽泰达酒店		龚建生、王宏江、张勇、邓小文(4)
13	8月22日 16:00	是			龚建生、曹小红、田为勇、匡金枝、邓小文(5)
14	8月23日 16:99	是			龚建生、张国新、席修明、邓小文(4)

　　这次"天津港8·12特大爆炸事故"的各次政府新闻发布会,从流程上看分为两个环节,先是主动发布信息环节,而后是记者提问和政府回应环节。通过统计政府新闻发布会各环节的文字实录字数(见图8—1),可以反映信息量的多少和变化情况,发现政府新闻发布会的信息量有以下两个特征:(1)前期的政府发布会信息量较少,随着时间推移,政府新闻发布会的总信息量和政府回应环节的信息量都在逐渐增加,在第十场达到峰值(见图8—1)。(2)政府新闻发布会各环节的信息量不等,主要以有

所准备的主动发布信息为主，应急性的政府回应信息量明显较少。

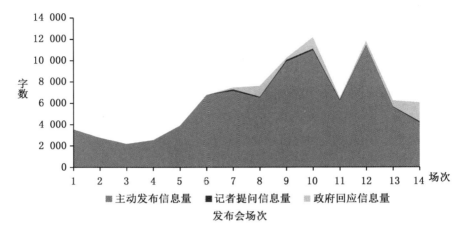

图8—1　"天津港8·12特大爆炸事故"各场次政府新闻发布会的各环节信息量

二、政府门户网站

在 Web1.0 时代，政府门户网站是政府信息公开的主要渠道，是重要的政府舆论场域。各级政府和各政府部门通过门户网站向公众发布政务信息，在信息发布数量、信息发布时效性等方面比传统的新闻发布会更有优势，不仅突破了受众接收信息的时空限制，而且还能够通过提供查阅、检索功能、优化栏目设置和整合信息内容等进一步提高传播效果。由于以上特征，政府门户网站在突发公共事件的信息发布与舆论引导中，填补了传统新闻发布会的缺陷。

2015年"天津港8·12特大爆炸事故"发生后，中央与地方两级政府运营的一些具有代表性的政府门户网站，包括中国政府网、天津政务网、北方网、天津市政府信息公开网和滨海新区政府信息公开网等在突发公共事件信息公开方面作用巨大。上述政府门户网站既囊括了中央和地方两级政府主体，又涵盖了"纯政府运营"和"政府主导下的主流媒体合作运营"两种主要运营模式。例如，中国政府网和天津政务网分别由国务院办公厅和天津市人民政府主办,分别是中央和地方两级政府在互联网上发布政府信息和提供在线服务的电子政务平台,是政府面向社会的窗口,是公众与政府互动的渠道,对于促进政务公开、推进依法行政、接受公众监督、改进行政管理和全面履行政府职能具有重要意义。北方网则是由天津市委宣传部牵头,同时由天津人民广播电台、天津电视台、天津广播电视报、今晚报和天津日报共同投入资金、信源组建的政府门户网站。

在突发公共事件信息发布上,政府门户网站表现出信息发布量大、整合能力强的优势。在"天津港 8·12 特大爆炸事故"发生后的一个月内(2015 年 8 月 13 日至 9 月 12 日),中央人民政府门户网站——中国政府网共发布了 416 个包含"天津 爆炸"相关信息的网页,供公众浏览,其中事发后次日即 2015 年 8 月 13 日就发布了 57 个相关网页,公开人员伤亡、医疗救治等实时信息。以事故发生地——天津市滨海新区为例,2015年度该区主动公开政府信息 61 277 条,全文电子化率达 100%,全年政府信息公开网页访问量 16.5 万人次,其中受到社会公众关注程度最高的政府信息主要涉及政府规章文件、教育医疗、突发事件处置、安全生产监管和环保公共卫生等信息。①

此外,政府门户网站在信息呈现方面表现出专题化、分类化的特征,为网民浏览、查询和掌握突发公共事件的重要信息与变化提供了便利。中国政府网、天津政务网、北方网等中央和地方各级政府门户网站,纷纷为"天津港 8·12 特大爆炸事故"设立了专题页面,聚合相关新闻和信息。其中,中国政府网设置了名为"聚焦天津港'8·12'瑞海公司危险品仓库特别重大火灾爆炸事故救援处置"的专题页面②,页面灰暗的配色渲染出苍凉沉重的气氛,汇集了文字新闻、微博消息、视频和图片等多种形式的信息并分版块呈现,一目了然、主次有序。北方网作为政府牵头、主流媒

---

① 天津市滨海新区政府. 天津市滨海新区 2015 年政府信息公开年度报告[EB/OL]. 2016 — 3 — 28. http://www. tj. gov. cn/tblm/ztbd/xxgknb/qxzf/bhxqrmzf/201603/t20160328_292120. htm.

② http://www. gov. cn/zhuanti/tjbhbz/.

体共建的门户网站，设置了名为"携手同心 共克时艰——'8·12'瑞海公司危险品仓库特别重大火灾爆炸事故"的专题页面，①在信息内容和呈现方式上较完全由政府运营的门户网站更加丰富。首先，北方网的专题页面版块繁多、分门别类，由上至下依次为直击现场、新闻发布会、微关注、粉碎谣言、感动瞬间、微视频及互助祈福，并在页面左侧设置快捷方式，直接链接至各版块，使浏览者能够快速获取最关心的信息。其次，北方网的专题页面大量应用多媒体资源，每一版块均配有摄影图片，重点内容还提供视频资料，并通过滚动播放、渐变、时间线等形式将静态图片动态化，吸引浏览者的眼球。最后，北方网的专题页面还设置了互助祈福版块，并提供了遇难者名单。

三、政务新媒体

随着 Web2.0 时代的来临，微博、微信等自媒体表现出强大的信息传播功能和舆论监督功能，淋漓尽致地凸显出"全民记者"的舆论生态。在此背景下，政府唯有转变执政观念、工作方式和新闻发布理念，加强舆论引导，提升新闻发布的能力和水平，才能适应微时代公众的需要。因此，近年来政府在突发公共事件发生后，不再局限于传统信息发布形式，同时也应用新媒体，打造政府新媒体矩阵，实现发布渠道多元化。例如，通过官方微博、微信等自媒体以及推荐引擎等新兴媒体发布实时信息，并对公众关心的问题进行回应。通过构建新媒体发布矩阵，政府能够实现信息的全面覆盖与快速推送，及时了解公众的需求与反馈，并在最短的时间做出应对。此时，政务新媒体不再是传统政府舆论场的补充，而是成为一个举足轻重的政府舆论场域。

"天津港8·12特大爆炸事故"发生后，天津市政府及相关职能部门通过微博、微信、今日头条等新媒体平台积极发布最新信息，回应公众信息需求，力求实现信息公开、透明。根据人民日报发布的"2015年第三季

---

① http://news.enorth.com.cn/system/2015/08/13/030442172.shtml.

度政务微博影响力排行榜"①以及本节选择天津热门政务新媒体——"平安天津"作为研究对象,收集其官方微博账号、微信公众号在事故发生后一个月以内(即 2015 年 8 月 13 日至 9 月 12 日)发布的所有信息,并通过关键词搜索、浏览并判断相关与否之后,最终获得 77 条官方微博、28 篇微信公众号文章,以此作为内容分析的文本。为了方便与政府新闻发布会进行对比,本节同样从信息发布时间、发布渠道、发布内容、发布对象和发布效果等角度对政务新媒体所发布的文本信息进行编码和内容分析。

首先,政务新媒体在突发公共事件发生后,信息发布频率明显高于政府新闻发布会和政府门户网站,形成了清晰的动态化信息流,实时记录事态发展和应对进展。此次"天津港 8·12 特大爆炸事故"发生后,"平安天津"微博账号和微信公众号均对此投入了大量篇幅进行信息公开,在高峰期达到每日发布 12 条微博消息、4 篇微信文章。然而必须承认,政务新媒体对于某一具体突发公共事件的关注度是有时限的,"平安天津"微博账号和微信公众号的信息发布频率均随着时间的推移呈衰减趋势,信息高发时间段是事发后一周,随后无论是微博还是微信的发布频率都低于每日 3 条,甚至为 0 条(见图 8—2)。

其次,随着移动互联网的普及,政务微博在突发公共事件发生后反应速度最快,常常扮演首曝媒介的角色。以"平安天津"微博账号为例,其于事发后凌晨 2:44 发布首条微博,内容为事故发生的简要情况通报,提及事发的时间、地点、影响、政府应急处置等内容。事发后次日即 8 月 13 日共发布 6 条微博,其中前五条均在 8:00 之前发布,均采用手机端发布(见图 8—3),这在政务微博的发布渠道中并不常见,在"平安天津"微博账号于事发后一个月内发布的 77 条微博中,仅有 10 条通过手机端发布,占比 13.0%。

最后,政务新媒体除了利用文字的形式发布信息,还充分利用了互联网平台的多媒体资源和技术,综合应用了图片、表情、视频、超链接及地理

---

① 人民网舆情频道.2015 年第三季度政务微博影响力排行榜[EB/OL].2015—10—30.

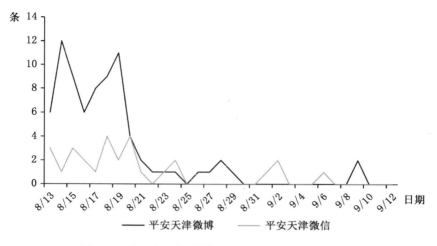

图8—2　"平安天津"微博账号、公众号信息发布时效

图8—3　"平安天津"微博账号在事发后发布的首条微博截图

信息等多种多媒体资源，最大限度地传递突发公共事件相关信息。通过分析"平安天津"微博和微信所发布的信息，可以发现政务新媒体在信息呈现形式上有共同之处，也存在差异，主要表现为以下几点：(1)在配图方

面,政务新媒体大量使用摄影照片,鲜活地记录了事发现场的人、事、物。"平安天津"微博账号所发布的所有微博消息中,有83.1%的微博配有图片;配图数量为1张的最多,占比46.8%;6.5%的微博配图数量达到上限九张,也就是俗称的"九宫格"。此外,政务微博还通过插入表情来表达情绪和态度,"平安天津"微博账号所发布的所有微博消息中,5.2%的微博使用了表情,包括"爱心""拳头""麦克风"等,主要用于为灾区人民祈福与为抢险救灾战士加油的语境。"平安天津"微信公众号所发布的所有文章中,89.3%的文章中包含图片,配图数量在10张及以上的文章占比10.8%,最多的一篇微信文章包含17张配图,这在其他信息发布渠道是难以想象的。在图片类型方面,摄影照片是政务新媒体最常见的选择,鲜活地记录了事发现场的人、事、物。在所有配有图片的"平安天津"微博消息中,95.3%配有摄影照片,照片内容多为消防战士抢险救灾画面、事故发生时的火光与浓烟等,26.6%配有文字截图;在所有配有图片的"平安天津"微信公众号文章中,88.0%配有摄影照片,24.0%配有文字截图。(2)在视频方面,政务微博对在突发公共事件中救灾英雄的人物渲染以及政府积极应对方面不吝笔墨。"平安天津"微博账号共发布了4条包含视频的微博,占比5.2%,视频主角均为消防队员或救援民警,可见官方舆论在突发公共事件中救灾英雄的人物渲染以及政府积极应对方面不吝笔墨。(3)相比于微信,单条微博在信息发布量上具有先天的劣势,因此政务微博会采取超链接、长微博、文字截图等多种方式提高信息承载量。一是政务微博通过使用插入详情链接的方式,突破单条微博消息的文字上限,将浏览者引导至信息量更加充沛的网页页面进行深度阅读,起到了"引流"的作用。例如在此次事件中,"平安天津"微博账号共发布了4条包含超链接的微博,占比5.2%,超链接指向的页面或为政府官方网站,或为新闻报道页面。二是通过长微博等形式,将单条微博消息扩容,例如在此次事件中,"平安天津"微博账号共发布了3条长微博,占比3.9%。

第二节　政府信息发布内容研究

一、信源

通过分析"天津港8·12特大爆炸事故"发生后政府新闻发布会和政务新媒体的信息来源情况，可以发现政府舆论场在突发公共事件信息发布上主要采用政府信源，保证其权威性的同时相比于传统的新闻发布会，政务新媒体的信源分布更加多样。具体而言，十四场政府新闻发布会的首要信息来源为消防、环保、医疗卫生等领域的政府官员，该类人员在所有出席新闻发布会的人员中占比82.1％，其次为专家学者，该类人员占比10.7％，他们主要来自环境、医疗等专业领域，体现了注重专业问题由专业人员回答的权威性与专业性；来自民间的志愿者代表和企业家比例很少。与政府新闻发布会相比，政务新媒体的信源主要为政府，但更具多样性。

二、信息发布主题

我们以"天津港8·12特大爆炸事故"发生后举行的十四场政府新闻发布会的文字记录作为语料来源，对政府信息发布主题和话语策略进行分析。政府新闻发布会对于不同主题的信息发布具有偏向性，侧重于主动发布抢先救援、医疗救治、环境监测和善后安置等政府危机应对行为的相关信息，而对爆炸事故发生的原因、涉事企业的安全评估、事故引发的环境污染等公众最关心的问题却较少涉及，然而在人为灾害事故类突发公共事件中，这些正是社会公众更加关心的问题，政府信息发布不够公开和全面，容易触及社会公众敏感脆弱的心理，提供了谣言滋长的土壤。

政务新媒体的信息发布主题同样表现出强调政府危机应对与人文关怀、缺乏责任意识与反思意识的特征。通过对"平安天津"政务微博所发布的信息进行主题统计，发现危机应对类信息的发布比例最高，在"平安天津"微博中占比 68.8%，人文关怀类信息的发布比例也较高，在"平安天津"微博中占比 26.0%；而关于事故信息、归因问责、反思启示类的信息发布比例很低。由于"平安天津"是天津市公安局所运营的政务新媒体，因此在具体危机应对措施方面体现出与所属部门相关的偏向性。以"平安天津"微博为例，69.9%的微博消息提及了政府抢险救援情况，远高于医疗救治、环境监测等其他危机应对措施。

三、情感倾向性

通过对"天津港 8·12 特大爆炸事故"发生后举行的十四场政府新闻发布会进行话语分析，可以发现政府在事故信息发布时注重将人员伤亡情况等负面影响与情感表达类话语相结合，一方面通过使用"沉痛哀悼""深切慰问""痛心""自责"等语句打造一个有温度的政府形象，同时通过使用"希望""信心""放心"等积极词汇去打消社会公众的疑虑。

通过对"平安天津"政务微博、政务微信所发布的信息进行情感倾向性统计，发现政务新媒体对于突发公共事件报道的情感倾向性以中立为主，正面宣传类的比例较高。其中，政务微博的态度与观点更加中立，中性信息发布占比 75.0%，正面信息发布占比 17.9%，负面信息发布占比 7.1%。政务微信则表现出更加明显的宣传属性，中性信息发布占比 49.3%，正面信息发布占比 37.7%，负面信息占比 13.0%，正面的英雄主义宣传与负面的悲伤渲染都更加明显。在情感指向方面，褒扬、致敬、感动等正面情感主要指向英勇救灾、不惧艰险的消防队员、民警等对象，而哀悼、悲伤、痛苦等负面情感主要指向牺牲的救灾英雄及其家人，这表明政府舆论场在灾害类的突发公共事件信息发布中，除了客观、中立的事件进展及应对措施等信息发布外，还特别注重树立典型英雄形象，引发公众情感共鸣，以达到宣传政府应对、提升政府形象的目的。

第三节　政府信息发布效果评估

由于我国政府舆论场长期存在的"政府—媒体—公众"信息流动模式，信息从政府发布环节到公众接收环节之间经历了两次建构的过程，因此在评估政府信息发布效果时需要考虑一系列的内外部因素（于晶，2010；侯迎忠、赵梦琪，2012）。首先，政府信息发布效果的内部因素以政府本身为主，牵涉到政府信息发布活动的各个环节，包括发布主体、发布渠道、发布时间和发布内容等传播要素，体现了政府议程设置的能力，是政府舆论场信息发布效果的起点和基础。其次，政府信息发布效果的外部因素有两个，分别是媒体呈现和公众认知，这一方面反映了媒体和受众同时是政府信息发布的接受者，也突出了媒体在政府与公众之间的中介作用。

一、政府议程设置能力

在突发公共事件的应对过程中，政府作为信息发布主体，面临着发布哪些信息、何时发布信息、由谁发布和如何发布信息等一系列问题，恰当的信息挑选与编排考验着政府议程设置的能力，也决定了政府风险沟通与应急管理的效果。政府的议程设置往往会影响媒体的议程设置，甚至直接决定了主流媒体的议程设置，从而以直接和间接两种路径影响公众感知，最终影响公众对政府形象的评价。

话语分析法被用来解释一些传媒话语所蕴含的深层语义修辞。实际上，话语分析并非一种研究方法，而是一门以符号学为大背景，以语言学、类语言学文化探索为主要研究领域，以语义学、修辞学、语用学和叙事学等为学科资源，以修辞策略、言语行为、心理情境和语法结构等分析为操作手段的新兴学科，具有很强的理论性和应用性（丁和根，2004）。

二、媒体呈现效果

从传播过程来看,媒体是政府信息发布与公众信息接受之间的桥梁,媒体对于政府发布的突发公共事件进行曝光、组织和解读,具有议题建构的效果,直接影响着公众的信息接触量以及对政府危机应对能力的认知情况,因此媒体呈现效果是评估政府舆论场信息发布效果和危机沟通绩效的重要环节。Birkland(1997)提出的"焦点事件理论"强调了媒体对危机沟通的重要性,他将危机视为一种焦点事件,而在焦点事件中媒体能够影响公众议题设置,对事件的解决和公共政策的推进起着重要作用。吴宜蓁(2005)提出的"媒体效能"概念,并通过参与报道的媒体类型与规格,媒体报道显著度与积极性,媒体报道准确度与相关度,媒体报道倾向性等指标,量化了危机沟通策略展现在媒体上的成效。

三、公众感知效果

公众是政府信息发布的最终受众,公众感知效果不仅关乎政府应急管理与沟通的成效,而且也涉及政府在公众心目中的形象。Coombs(2007)在情境危机沟通理论中指出,公众在危机事件发生前往往对应对组织或机构知之甚少,仅存在模糊的经验性认知,每一次公众对危机应对的关注都为组织机构提供了一次形象塑造的机会。如果组织机构的应对措施得当,就会给公众留下可信赖的正面形象,反之则留下负面形象,且这种形象一旦形成就很难改变。因此公众感知效果是政府信息发布效果的最终落点,也是最直观的衡量指标。

然而,尽管近年来政府在突发公共事件发生后,通过政府新闻发布会、政府门户网站、政务新媒体等多种渠道进行信息发布,努力满足公众的信息需求,但并非每次都能达到理想的公众感知效果。

与此形成对比的是政府通过门户网站和微博、微信等新媒体平台所发布的信息,因为更加注重与民互动沟通,常常取得良好的效果。例如,由天津政府主导下与主流媒体共同运营的门户网站——北方网,在其专题页面设置了遇难者名单及哀悼活动版块，浏览者可以通过点击屏幕上的"点烛""献花""祈福"按钮，表达对遇难者的哀思，该互动活动收到了良好的公众感知效果，累计超过十万名网友为遇难者点烛、献花，以及近九万人为灾区人民祈福。再以最具影响力的政务微博账号@平安天津为例，这是一个由天津市公安局运营的拥有超过 260 万名粉丝的官方微博账号。据统计，在爆炸事故发生后的 8 月 13 日凌晨至 9 月 12 日这一个月的时间内，@平安天津共发布微博 77 条，单条微博的平均转发数为 1 064、评论数为 357、点赞数 1 070。观察"平安天津"微博账号发布的微博中，被传播最广泛、点赞最多的是一条向逆行战士致敬的微博（如图 8—4 所示），该条微博于事发后第二天发布，诉说了消防战士辛苦抢险、累倒在地的情境，文中所使用的"妈妈""眼泪"等词汇、反问的修辞方式、结尾的感叹句式以及所配的九宫格摄影照片，都给人以强烈的情感冲击，该条微博也再次证明了人文关怀类的议题在突发公共事件发生后是最容易被人关注、引发强烈情感共鸣的。

图 8—4　"平安天津"最多转发数、点赞数的微博截图

第九章　官方舆论场中的主流媒体报道

第一节　主流媒体的定义与制定标准

何谓主流媒体？这一问题具有明显的中国特色，同时又随着时代发展在不断变化。主流媒体(mainstream media)在西方社会主要指拥有丰富资源、受众范围广泛、具有议程设置能力和舆论影响力的严肃媒体，例如《纽约时报》《泰晤士报》等。在中国，由于特殊的媒介体制，早期在党对媒体完全管制的时代，主流媒体等同于体制内的媒体，即党报、党刊以及电台、电视台。例如，周胜林(2001)[①]认为主流媒体主要指"中央及各省区市党委机关报、中央及各省区市广播电台、电视台以及其他一些省级以上的大报、大台"。随着互联网时代的来临，党网也被纳入主流媒体的范畴。根据新华社"舆论引导有效性和影响力研究"课题组(2004)[②]根据喉舌功能与权威地位、主流意识形态与价值观、公信力、记录历史发展和受众量大且广泛六条标准，将主流媒体划分为四类：一是以《人民日报》、新华社、中央电视台、中央人民广播电台、《求是》杂志、《光明日报》、《经济日报》等为代表的中央级新闻媒体，二是以各省、自治区、直辖市的党报、电台和电视台的新闻综合频道为代表的区域性媒体，三是以各大、中城市党报、电台和电视台的新闻综合频道为代表的城市媒体，四是以新华网、人民网为代表的国家重点扶植的大型新闻网站。根据新华社课题组的判断

---

　　① 周胜林.论主流媒体[J].新闻知识,2001(12):4—5.
　　② 新华社"舆论引导有效性和影响力研究"课题组.主流媒体如何增强舆论引 导有效性和影响力之一:主流媒体判断标准和基本评价[J].中国记者,2004(01):20—21.

标准，一些发行量大或收听、收视率高、具有一定品牌影响力的晚报、都市报类、娱乐休闲类、信息服务类媒体则被排除在主流媒体的行列之外，作为主流媒体的拓展、延伸和补充。然而，随着媒体大众化、市场化进程的加深，《南方周末》、凤凰卫视等一批强调公信力与影响力的市场化媒体崛起，成为"新主流媒体"，与"传统主流媒体"相对应。从权力结构来看，"传统主流媒体"代表了政治话语体系，而"新主流媒体"代表了精英话语体系，形成了一种"平衡"与"制衡"的张力关系（齐爱军，2011）。①

从主流媒体的各种定义与判定标准来看，无论如何变化，党报始终是主流媒体的中心。因此我们挑选《人民日报》作为主流媒体的代表，主要基于以下两点原因：一是《人民日报》的定位，二是《人民日报》的跨媒介特征。首先，《人民日报》（People Daily）是中国共产党中央委员会机关报，创办于1948年，是一份权威、严肃的综合性日报，凭借其采编力量对新闻事件作出反应，报道国内外重大事件。创刊以来，《人民日报》把坚持正确的舆论导向放在首位，坚持高品位、高格调，把专业性与综合性相结合，配合党的中心工作，出版了政治、经济、法律、新闻和科学文化知识等方面的资料，取得了经济效益及社会效益，为宣传党的路线方针政策，推进社会主义新闻理论创新，对弘扬祖国历史和民族文化作出了贡献。其次，在众多主流媒体中，《人民日报》是较早跨入融媒体时代的先锋，现已围绕《人民日报》报纸内容，建立了官方微博、微信公众号、人民日报客户端的跨媒介矩阵，在不同媒介平台上，《人民日报》的报道内容与报道特色也不尽相同。因此，选取《人民日报》作为研究对象，有助于全面了解跨媒介存在的主流媒体舆论场。

在研究方法上，我们采用内容分析法对主流媒体的报道展开分析。内容分析法是针对人类传播媒介所记载的内容的研究，其研究内容范围广阔，既包括书籍、杂志、报纸、网页、诗歌、信件及法律条文等文字资料，也包括歌曲、绘画、讲演等多媒体资料。② 在各种定量研究方法中，内容

---

① 齐爱军.什么是"主流媒体"？［J］.现代传播：中国传媒大学学报，2011（2）：50—53.
② ［美］艾尔·巴比.邱泽奇，译.社会研究方法（11版）［M］.北京：华夏出版社，2009.

分析法具有以下优势。首先,内容分析法的最大优势在于时间和金钱成本较低,适合独立的研究者就一个研究主体进行深入挖掘;其次,内容分析法相比其他定量研究方法更加安全可控,由于研究设计几乎贯穿了整个研究过程使研究者更容易对不恰当的工作进行推翻和返工;最后,内容分析法作为观察法的一种模式,相比于调查法和实验法具有非介入性的优势,即能够在不影响研究对象的情况下,对其行为展开研究。内容分析法有助于回答传播学研究的一系列经典问题:"谁? 说了什么? 对谁说? 为什么说? 如何说? 产生了什么效果?"。本书在利用突发公共事件的典型案例对中国多元舆论场的传播规律进行推导和佐证时,需要对政府的新闻发布会、政务新媒体发布的文章以及主流媒体报纸的新闻报道、主流媒体发布的微博消息和微信文章、自媒体的微博消息等进行内容分析,面对如此数量庞大的"帖文"内容,内容分析法成为一种高效且可靠的方法,帮助揭示埋藏在文本信息下的舆论传播规律。内容分析法的主要实施步骤包括抽样、类目设计、编码以及后续的统计分析。

在研究突发公共事件中的主流媒体舆论场时,我们继续选择"8·12天津港爆炸事故"作为研究案例,依次分析《人民日报》报纸、官方微博、微信公众号在事发后一个月内(2015年8月13日至9月12日)对此突发公共事件的全部新闻报道。通过关键词搜索、浏览并判断相关与否之后,最终获得82篇报纸新闻报道、171条官方微博和17篇微信公众号文章,以此作为内容分析的文本。根据主流媒体新闻报道的特点、突发公共事件的特点以及内容分析法的常用类目,我们构建类目如表9—1所示,共分为六大类,其中部分类目在不同传播媒介上略有差异。

表 9—1 主流媒体新闻报道内容分析类目构建

一级类目	二级类目	报纸	微博	微信
报道时间		年/月/日		

续表

一级类目	二级类目	报纸	微博	微信
报道形式	新闻体裁	消息、通讯、评论、特写、专访等	—	—
	报道版面	是否头版、是否头条、是否跨版	—	—
	报道字数	数字型		
报道形式	图片	是否有图片及其类型		
	视频	—		是否有视频及其内容
	表情			是否有表情及其含义
信源	新闻源	自采、国内媒体、外媒（含港澳台）		
	消息源	是否有消息源及类型（政府、新闻媒体、企业、当地民众、互联网）		
报道内容	报道主题类型	事故信息类、救援救治类、善后安置类、归因问责类、人文关怀类、反思启示类、信息辟谣类、知识科普类		
	事故影响	是否提及事故影响及其类型		
	危机应对措施	是否提及危机应对措施及其类型		
	责任方	是否提及责任方及其类型		
报道框架	新闻通用框架	事实框架、人情味框架、责任框架、道德框架、后果框架、冲突框架、领导力框架		
	风险框架	风险事实框架、风险调控框架、风险反思框架		
报道倾向性		正面、中性、负面		
传播力及互动性		报纸发行量	转发数、评论数、点赞数	阅读数、点赞数

以《人民日报》82 篇报纸新闻报道、171 条官方微博和 17 篇微信公众号文章为材料，由来自上海交通大学的三名经过培训的新闻传播学专业研究生进行背对背编码。在各类目中，信源、报道内容、报道框架与报道倾向性等类目的主观性较强，在与编码员反复沟通并要求其严格按照编码标准进行编码的基础上，为保证一致性进行编码与案件的信度检验，即由三名编码员共同对 10% 的报纸新闻报道（8 篇）、官方微博（17 条）以及

微信公众号文章(2 篇)内容进行编码,与其余舆论场抽取的文本合并后,共同计算 Krippendorff Alpha 系数,结果显示各类目下主观性较强的指标信度均达到了可以接受的水平,均达到了 0.7 以上。

第二节　主流媒体新闻发布渠道变迁和时效性分析

在传统媒体时代,主流媒体舆论场所依托的传播介质原本为广播、报纸、电视等传统媒体,舆论场中的信息传播模式是单向的,信息传播内容是经过"过滤"的,常用语言模式也带有浓厚的官方色彩。主流媒体扮演着"把关人"和"守门人"的角色,将议程设置与舆论导向牢牢地掌握在自己手中,受众缺乏互动交流的机会。此时的主流媒体舆论场,无论是态度立场还是话语方式,都给人留下高高在上、不接地气的印象。

随着互联网的发展,主流媒体舆论场在 Web1.0 时代通过新闻网站、在 Web2.0 时代通过"两微一端"不断拓展自己的疆域。2014 年 8 月,中央全面深化改革领导小组第四次会议审议通过《关于推动传统媒体和新兴媒体融合发展的指导意见》,标志着媒体融合已经上升到国家战略决策和行业政策层面。2015 年随即成为媒体融合发展元年,传统媒体为了积极适应移动互联网的发展趋势,纷纷在微博、微信和客户端开设账户,向新媒体进军。在未来,随着移动直播等新兴媒体平台的流行,新型线上主流媒体可能成为主流媒体舆论场的新领域(喻国明,2016)。

通过统计每日《人民日报》报纸、微博、微信关于"8·12 天津港爆炸事故"的新闻报道数量,可以发现《人民日报》报纸与微信的信息发布时效性呈现出相似的特征,在事发后一周内保持着较高的新闻发布频率,之后逐渐衰减至零。《人民日报》在微博平台上的信息发布总数量和每日发布的数量明显更大,发布频率也更高,平均每日发布微博数量在 6 条左右,事发次日发布量更是高达 47 条,之后衰减速度较快,一周后降至每日 10 条以下,但从长期而言信息发布的持久性高于报纸与微信公众号。由此可见,不同信息发布渠道对于主流媒体新闻发布时效性的影响巨大,微博平台上的信息碎片化特征使主流媒体在突发公共事件新闻报道时更加灵活自由,不必受版面、篇幅等因素的限制。

另一方面,《人民日报》报纸、微博账号、微信公众号关于"8·12天津港爆炸事故"的新闻报道在信息量上存在较大差异。从总信息量上看,《人民日报》报纸在事发后一个月内的所有新闻报道累计74 345字,微博累计21 753字,微信文章累计24 934字。从单篇/条新闻报道的信息量上看,《人民日报》报纸在事发后一个月内的新闻报道平均字数为906.65字,微博平均字数为 127. 21 字,微信文章平均字数为1 466.71字。综上可知,主流媒体报纸和微信尽管在信息发布频率上不及主流媒体微博,但在信息发布量上具有优势,体现了主流媒体的专业化内容生产能力(见图9—1)。

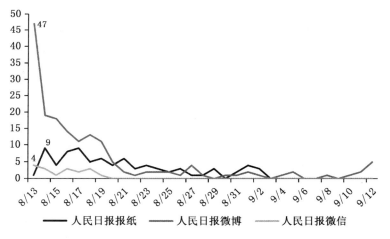

图9—1 《人民日报》报纸、微博、微信相关新闻报道的时效性分析

第三节 主流媒体新闻报道框架分析

一、报道形式

通过分析《人民日报》报纸、微博、微信关于"8·12天津港爆炸事故"

的新闻报道在报道体裁、所配图片等方面的特征，可以发现主流媒体新闻报道形式具有以下特征。

第一，从报道体裁上看，主流媒体对突发公共事件的新闻报道以短、平、快的消息为主，其次为较长篇幅的通讯和特写。

通过对《人民日报》报纸相关新闻报道进行报道体裁分析，发现消息占比最高，为 46.3%，其次为通讯，占比 23.2%，再次为评论，占比 19.5%，特写和专访的比例较少，分别为 9.8% 和 1.2%。在篇幅上，消息类报道最短（M＝487.26，sd＝302.314），通讯类报道最长（M＝154.32，sd＝623.724），其次为特写（M＝1328.00，sd＝605.056）和评论（M＝964.50，sd＝412.854）类报道，不同报道体裁的新闻报道字数均值表现出了显著度差异（F＝20.002，p＜0.001）。"人民日报"微信公众号所发布的相关新闻报道则以通讯为主，占比 70.6%；其次为特写，占比 29.4%，通过《今天，请记住这 13 张年轻的面孔》《今天，发条微信向逆火而行的人致敬！》等图文并茂的文章刻画了消防队员的英勇事迹。"人民日报"微博账号所发布的相关新闻报道字数均在 140 字以下，无仑是从篇幅的角度，还是从发布内容的角度，都偏向于以客观事实为主、短平快的消息体裁。

第二，传统主流媒体对突发公共事件的新闻报道较少配图，而通过微博、微信发布的新闻报道则注重图文并茂，图片类型以摄影照片为主。

通过对《人民日报》报纸、微博、微信发布的相关新闻报道进行图片分析，发现《人民日报》报纸的相关报道配图比例很低，仅占 9.8%，且配图数量每天新闻报道不超过 1 张，图片类型主要为摄影照片，其次为数据型图表。"人民日报"微博、微信发布的相关报道则通常图文并茂，其中微博消息的配图率高达 64.3%，配图数量多为"九宫格"形式；微信公众号文章的配图率更是达到 100%，每篇文章的图片数量在 3～20 张之间，其中特写类新闻报道的图片数量明显较多，例如《【哀痛】"我爸是你爸"对话中刚子牺牲，17 位遇难消防员身份确定》（发布时间为 2015－8－16）一文中使用了共计 20 张摄影照片、微信聊天界面截图等图片，将遇难消防队员与家人生离死别的情景刻画出来（见表9－2和表9－3）。

表9－2   《人民日报》报纸、微博、微信相关新闻报道的图片数量

主流媒体类型 图片数量	《人民日报》报纸	人民日报微博	人民日报微信公众号
0	90.2%	35.7%	0.0%
1	9.8%	18.1%	0.0%
2张及以上	0.0%	46.2%	100.0%
合计	100.0%	100.0%	100.0%

表9－3   《人民日报》报纸、微博、微信相关新闻报道的图片类型

主流媒体类型 图片类型	《人民日报》报纸	人民日报微博	人民日报微信公众号
摄影照片	87.5%	76.9%	94.1%
数据型图表	12.5%	2.8%	11.8%
动态图片	0.0%	0.9%	5.9%
文字截图	0.0%	27.8%	29.4%
其他	0.0%	8.3%	11.8%

第三，主流媒体在不同信息发布渠道上的信息呈现方式各具特色。作为主流媒体的传统阵地，报纸上相关新闻报道的版面、位置以及标题醒目程度均体现出突发公共事件的重要性；主流媒体微博在突发公共事件的新闻报道中，除了文字和图片形式，还会使用表情、视频等多种信息呈现形式。

新闻报道在报纸上的版面、位置以及标题直接体现了事件重要性，在突发公共事件中尤其如此。在《人民日报》报纸关于"8·12天津港爆炸事故"的新闻报道中，要闻版报道占比81.7%，头版报道占比17.1%，头版头条报道占比6.1%，凸显了国家主流媒体对于该起突发公共事件的

重视程度。从标题醒目程度来看,57.3%的报道包含引题,20.7%的报道包含副题,标题所占行数以一至三行最为常见,占比 87.8%。

相比于报纸和微信公众号发布的文章,微博在信息发布量上具有劣势,然而随着突发公共事件的发展,仅是短消息必然无法满足逐渐丰富的汇总信息。因此,主流媒体微博在对突发公共事件报道时积极利用视频、表情、超链接和长微博等形式,提升单条微博的信息量和阅读体验。以"人民日报"微博账号在"8·12 天津港爆炸事故"发生后一个月内发布的微博消息为例,3.5%的微博包含视频,28.7%的微博包含表情符号,8.2%的微博包含超链接,0.6%的微博为长微博。

二、信息来源

面对突发公共事件,主流媒体信息来源的权威性是其信息内容真实性、客观性的保证,也是其媒介公信力的基石,唯有依托清晰、可靠的信源,主流媒体的报道才有可能取信于民,进而发挥其主流意识形态与主流价值观对于舆论的引导作用。在"8·12 天津港爆炸事故"中,《人民日报》作为主流媒体表现活跃,在各种渠道频频发声,我们针对《人民日报》报纸、微博、微信公众号发布的相关新闻报道进行信息来源分析,就信源、信源类型、原创性三个指标进行统计分析,发现以下特征。

首先,主流媒体关于突发公共事件的新闻报道内容具有明确的信源,极少数未提及信息来源的新闻报道主要为评论体裁(见表 9—4)。在信源类型方面,政府是主流媒体新闻报道的最主要信源,其次为专家学者和新闻媒体,这在很大程度上保证了主流媒体新闻报道的权威性(见表 9—5)。在官方舆论场中,突发公共事件信息的传播模式为自顶向下的单向流动,从政府流向媒体,最终被受众所接受。在此信息传播链条中,主流媒体相对居于上游位置,需要确保信息来源的真实性、可靠性,并对信息严格筛选、把关和审查,以维持其权威、严谨、专业的一贯形象。

表9—4　　　　　　《人民日报》报纸、微博、微信新闻报道的信源分析

主流媒体类型　　是否提及消息源	《人民日报》报纸	人民日报微博	人民日报微信公众号
有	92.7%	80.7%	100.0%
无	7.3%	13.0%	0.0%
合计	100.0%	100.0%	100.0%

表9—5　　　　　《人民日报》报纸、微博、微信新闻报道的信源类型分布

主流媒体类型　　信源类型	人民日报报纸	人民日报微博	人民日报微信公众号
政府	93.4%	60.1%	88.2%
专家学者	25.0%	5.1%	52.9%
新闻媒体	2.6%	37.7%	41.2%
企业	10.5%	2.9%	5.9%
当地民众	14.5%	2.9%	11.8%
互联网	10.5%	7.2%	29.4%

　　其次，主流媒体关于突发公共事件的新闻报道主要为原创内容，原创率达到80%以上。经统计发现，《人民日报》报纸关于"天津港8·12特大爆炸事故"的相关新闻报道中自采率达到89.0%，转引率仅11.0%，且均转引自国内其他主流媒体，如新华社、《湖北日报》等。"人民日报"微博账号所发布的相关微博中，原创微博占比66.1%，转发微博占比33.9%，而在所有转发的微博消息中，转发链级数大多为一级，占比98.3%，仅有1.7%为二级转发，且转发来源均为@人民日报微博账号在之前发布的相关信息，从这一角度而言，"人民日报"在微博端的原创性同样很高，只是对其中部分信息进行了二次利用。"人民日报"微信公众号所发布的文章中，原创率为82.4%，转引率为17.6%，均转引自国内媒体网站或微信公

众号,如人民网、"环球时报"微信公众号、"生命时报"微信公众号、"环评爱好者网"微信公众号(见表9-6)。

表9-6　　　　　《人民日报》报纸、微博、微信新闻报道的原创性分析

主流媒体类型 是否原创	人民日报报纸	人民日报微博	人民日报微信公众号
是	89.0%	66.1%	82.4%
否	11.0%	33.9%	17.6%
合计	100.0%	100.0%	100.0%

突发公共事件发生后,往往会在社会上引起一定反响,由于事件本身的突发性、危害性与不确定性,使得社会公众对事件相关信息格外关注,尤其是对事发经过、后果、原因以及应对措施等一系列情况。此时社会公众迫切需要权威、充分、真实和准确的信息披露,从而满足其信息需求,稳定社会情绪。通过分析《人民日报》报纸、微博、微信关于"天津港8·12特大爆炸事故"的相关新闻报道,可以发现其信息来源主要来自政府,内容以记者亲自采编为主,权威的信息来源渠道和强大的内容生产能力保证了主流媒体在对突发公共事件进行新闻报道的真实性与科学性。

三、报道主题

结合"天津港8·12特大爆炸事故"的事件特征和收集到的文本信息,我们将《人民日报》对此事件的新闻报道主题归纳为五种类型,分别是:事故信息类、危机应对类、归因问责类、人文关怀类和反思启示类。经统计,《人民日报》报纸关于"天津港8·12特大爆炸事故"的新闻报道主题集中在危机应对方面,占比51.2%,其次为反思启示类报道,占比24.4%;"人民日报"微博的相关报道则以事故信息类主题为主,占比42.1%,其次为危机应对类报道,占比36.2%;"人民日报"微信公众号的相关报道同样是危机应对类主题占据多数,占比35.3%,其次为人文关怀类主题,占比23.5%。整体而言,尽管人民日报在不同信息发布渠道的

新闻报道主题分布存在差异,但仍以危机应对类主题为主,凸显了突发公共事件中政府危机应对情况。此外,事故信息、反思启示和人文关怀主题的新闻报道比例也较高,且由于渠道特点和价值定位有所差异。例如,《人民日报》报纸侧重于反思启示类主题的报道,微博侧重于事故信息类主题的报道,而微信侧重于人文关怀类报道(见表9-7)。

表9-7　　《人民日报》报纸、微博、微信相关新闻报道的报道主题分布

主流媒体类型 报道主题	人民日报报纸	人民日报微博	人民日报微信公众号
事故信息类	7.4%	42.1%	17.7%
危机应对类	51.2%	36.2%	35.3%
归因问责类	8.5%	4.7%	17.6%
人文关怀类	8.5%	12.3%	23.5%
反思启示类	24.4%	4.7%	5.9%
合计	100.0%	100.0%	100.0%

　　报道主题衡量的是主流媒体新闻报道所呈现的核心观点,除此之外每篇新闻报道还承载了其他许多事件相关信息。"天津港8·12特大爆炸事故"作为一起危害大、牵涉广的人为事故灾难,主流媒体在对其进行报道时常常会提及事故影响、危机应对以及归因问责情况。因此我们进一步以单篇/条新闻报道为单位,依次分析《人民日报》报纸、微博、微信发布的相关新闻报道在事故影响、危机应对、归因问责方面的报道情况。

　　经统计,"人民日报"微信公众号的相关新闻报道提及事故影响的比例最高,82.4%的微信公众号文章提到了爆炸事故引起的直接后果或间接影响,人员伤亡是其最常提及的影响类型,占比92.9%,其次为环境污染,占比57.1%;人民日报微博所发布的相关新闻报道中,提及事故影响的微博比例为69.0%,人员伤亡和环境污染为最常提及的影响类型;《人民日报》报纸所发布的相关新闻报道中,58.5%提及事故影响,人员伤亡最常提及,经济损失和环境污染也受到关注。整体而言,人民日报通过各

种渠道发布的新闻报道都对"天津港8·12特大爆炸事故"所造成的灾难性后果予以关注,其中人员伤亡被报道的比例最高,其次为环境污染(见表9-8和表9-9)。

表9-8 《人民日报》报纸、微博、微信相关新闻报道是否涉及事故影响

是否提及爆炸事故引起的直接后果或间接影响	《人民日报》报纸	人民日报微博	人民日报微信公众号
否	41.5%	31.0%	17.6%
是	58.5%	69.0%	82.4%
合计	100.0%	100.0%	100.0%

表9-9 《人民日报》报纸、微博、微信相关新闻报道涉及的事故影响类型分布

影响类型 \ 主流媒体类型	《人民日报》报纸	人民日报微博	人民日报微信公众号
人员伤亡	87.8%	80.0%	92.9%
经济损失	36.7%	6.1%	21.4%
环境污染	30.6%	13.9%	57.1%
社会稳定	6.1%	7.0%	0.0%

经统计,人民日报通过各种渠道所发布的新闻报道对政府危机应对情况的报道比例极高,90.2%的报纸新闻报道、71.3%的微博消息、88.2%的微信文章均对危机应对情况和应对措施有所介绍。在具体危机应对措施的报道方面,《人民日报》报纸较为全面地介绍了以政府为主体的社会各界力量在抢险救援、医疗救治、安置保障、环境监测与污染物处理、调查问责、安全生产、信息辟谣与舆论回应八个方面的作为;人民日报微博较为侧重对抢险救援和医疗救治这两类危机应对措施的报道,分别有41.2%和32.8%的微博涉及此内容;人民日报微信公众号较为侧重对抢险救援、环境监测与污染物处理这两类危机应对措施的报道,分别有73.3%和66.7%的文章提及此内容(见表9-10和表9-11)。

表 9—10　　　　　　　　《人民日报》报纸、微博、微信
相关新闻报道是否涉及危机应对

是否提及危机应对	《人民日报》报纸	人民日报微博	人民日报微信公众号
否	9.8%	28.7%	11.8%
是	90.2%	71.3%	88.2%
合计	100.0%	100.0%	100.0%

表 9—11　　　　　　　　《人民日报》报纸、微博、微信
相关新闻报道涉及的危机应对措施分布

危机应对措施 ＼ 主流媒体类型	《人民日报》报纸	人民日报微博	人民日报微信公众号
抢险救援	31.1%	41.2%	73.3%
医疗救治	31.1%	32.8%	40.0%
安置保障	33.8%	9.2%	13.3%
环境监测与污染物处理	24.3%	16.0%	66.7%
调查问责	29.7%	12.6%	40.0%
安全生产	31.1%	3.4%	6.7%
辟谣回应	21.6%	14.3%	20.0%

　　经统计人民日报关于"天津港 8·12 特大爆炸事故"的新闻报道中,仅有 17.1% 的报纸报道、5.8% 的微博报道和 35.3% 的微信报道涉及实质性的问责,在涉及问责的新闻报道中,政府监管部门和涉事企业及其负责人成为主要的责任方。由此可见,主流媒体对于突发公共事件的新闻报道尚缺乏责任意识,在事后问责、追责方面的力度还不够,尤其是在涉及政府作为涉事主体的冲突型突发公共事件中(见表 9—12 和表 9—13)。

表 9－12　　　　　《人民日报》报纸、微博、微信

相关新闻报道是否涉及实质性的问责

是否涉及实质性的问责	《人民日报》报纸	人民日报微博	人民日报微信公众号
否	82.9%	94.2%	64.7%
是	17.1%	5.8%	35.3%
合计	100.0%	100.0%	100.0%

表 9－13　　　　　《人民日报》报纸、微博、微信

相关新闻报道涉及的责任方分布

主流媒体类型 / 责任方	《人民日报》报纸	人民日报微博	人民日报微信公众号
政府监管部门	64.3%	30.0%	33.3%
企业及其负责人	78.6%	50.0%	83.3%
其他	28.6%	20.0%	16.7%

四、报道框架

新闻通用框架(generic news frames)是新闻报道业务本质上和常规性使用的框架。Neuman 等人(1992)总结了媒体与受众共用的四大新闻通用框架,包括人物影响框架、弱势群体框架、经济问题框架和冲突框架等。Semetko 与 Valkenburg(2000)进一步提出了五大新闻通用框架:冲突框架、人情味框架、责任归属框架、道德框架和经济后果框架。在此基础上,界定了七大新闻通用框架:事实框架(factual frame)、冲突框架(conflict frame)、人情味框架(human interest frame)、责任框架(responsibility attribution frame)、道德框架(morality frame)、经济后果框架(economic consequences frame)和领导力框架(leadership frame)。在实证研究中,新闻通用框架的类型可以通过观察和识别具体的文字和视觉元素来判断,包括新闻标题、副标题、图片、导语、引语、信息来源、引用、标

识、统计数据和图表、总结陈词和段落等(Tankard,2001)。新闻通用框架经过国内外研究者的大量实践,具有一定的普遍适用性,但在具体操作中仍需要根据研究的具体事件和议题进行修正。因此,我们在七大新闻通用框架的基础上,结合"天津港8·12特大爆炸事故"的具体情况,进行适当修改和调整,包括将"经济后果框架"的范围扩大至更广义的"后果框架",并对新闻通用框架的含义和界定给出详细阐释(见表9—14)。

表9—14　　　　　　　新闻通用框架的类型、含义及界定举例

新闻通用框架	含义	举例
事实框架	新闻报道直接陈述客观事实,不包含情感表达和价值判断	使用数字或陈述性文字对事发经过、事故影响等客观事实进行报道
冲突框架	新闻报道涉及个人之间、群体之间、组织机构之间以及国家之间的冲突和斗争	事故所引发的个人或社会公众与政府、媒体、涉事企业以及普通个人之前的冲突和争议
人情味框架	新闻报道采用人物化、情感化、煽情化的手法,报道某一个人或一群人的经历、情感、形象	颂扬救灾英雄事迹、哀悼遇难者等有明显情感倾向性的报道
责任框架	新闻报道强调社会问题的发生原因和责任归属,责任方具体指向包括个人、群体、组织机构或国家等	追究事故发生的原因(例如危化品爆炸)以及责任归属问题(例如政府监管部门、涉事企业、媒体在事件中的相关责任)
道德框架	新闻报道从宗教教义、道德规范等社会约束的角度对某一事件或议题进行新闻报道。	既包括对事故发生后所涌现出的正面道德楷模的报道,也包括对不道德甚至违法行为的报道
后果框架	新闻报道涉及事件或议题所引发的直接后果或间接影响	事故造成的人员伤亡、经济损失(含建筑物损毁)、环境污染、社会恐慌与动荡等
领导力框架	新闻报道涉及国家领导人、政府官员、机构首脑的行为和言论,尤其是对其领导能力和水平的关注	中央及地方级的主要领导人、政府官员对于事故的重视、批示、视察等行为

经统计发现,人民日报通过各种渠道发布的"天津港8·12特大爆炸事故"相关报道所使用的新闻通用框架具有以下特征(见表9—15)。

第一,主流媒体身为专业化的新闻媒体,是社会公众重要的信息获取渠道,因此坚持以事实框架为第一原则,实事求是地传递突发公共事件信

息。《人民日报》在对"天津港8·12特大爆炸事故"的新闻报道中,事实框架的使用比例最高,甚至达到100%。

第二,大多数突发公共事件具有危害性、冲突性,往往会危及人们的生命与财产安全以及社会秩序,因此主流媒体在进行新闻报道时侧重于采用后果框架,揭示突发公共事件所造成的人员伤亡、经济损失、环境污染和社会失序等方面的负面影响,满足社会公众对此类利益相关信息的知情权。

第三,主流媒体作为党领导下的媒体,以"为人民服务"为立身之本,在突发公共事件发生后的危急关头,需要向社会公众传递正能量、消解负能量,安抚社会恐慌情绪,鼓舞公众团结一心、众志成城,营造良好的社会舆论环境,推动突发公共事件的顺利解决。因此,《人民日报》在对"天津港8·12特大爆炸事故"的新闻报道中,较多使用了人情味框架,主动引导社会公众情绪流向。

第四,主流媒体在突发公共事件报道中对领导力框架的应用比例较高。这是由于我国政府对重大突发公共事件的应急管理机制在方向上是自顶向下的、由中央到地方的,因此在事件发生后,社会公众需要一个强势的中央政府甚至是国家领导人站出来,成为一个烘托政府的高度重视和应对能力的符号,从而起到稳定民心的作用。

第五,主流媒体在突发公共事件报道时对责任框架的使用还不充分。对于"天津港8·12特大爆炸事故"这样一起明显的人为事故灾难,事故的起因和责任归属是社会公众最关心的问题,也是避免以后此类事件再次发生的重点问题,然而在事发后一个月的时间内,《人民日报》的相关报道对于责任框架的使用比例仅在三成左右,显然无法满足社会预期。

表9—15   《人民日报》报纸、微博、微信新闻报道的新闻通用框架分布

主流媒体类型 新闻通用框架	《人民日报》报纸	人民日报微博	人民日报微信公众号
事实框架	74.4%	100.0%	94.1%

续表

主流媒体类型 / 新闻通用框架	《人民日报》报纸	人民日报微博	人民日报微信公众号
冲突框架	15.9%	1.8%	11.8%
人情味框架	22.0%	24.6%	35.3%
责任框架	32.9%	17.0%	29.4%
道德框架	12.2%	1.8%	0.0%
后果框架	34.1%	59.1%	64.7%
领导力框架	24.4%	8.2%	35.3%

本书所研究的突发公共事件由于其危害性的特征,在本质上属于风险事件和风险议题的范畴。从风险沟通的角度,突发公共事件中的舆论场为政府提供了风险信息发布的场所,满足了社会公众的风险信息需求,促使两者之间形成有效的沟通并最终达成共识。风险研究者 Renn 等人(Renn,2010)将风险议题划分为风险事实议题、风险调控议题和风险反思议题三个层次,由表及里,层层递进。在此基础上,我国研究者将上述风险议题框架应用于环境风险议题的中美报道比较,进行了本土化的概念界定与实证研究(陈潇潇,2010)。在前人的研究基础上,我们应用风险议题框架对主流媒体关于突发公共事件"天津港 8·12 特大爆炸事故"的新闻报道进行框架分析(见表 9—16)。

表 9—16   风险议题框架的类型、含义及界定举例

风险议题框架	含义	举例
风险事实框架	新闻报道涉及风险发生的可能性、危害性、可控性等方面的客观事实类信息	事故造成的人员伤亡、经济损失(含建筑物损毁)、环境污染、社会恐慌与动荡等危害性后果
风险调控框架	新闻报道涉及相关管理部门面对风险所采取的应对举措以及应对效果,强调管理机构对于控制风险危害性的意愿和能力	政府在事发后所采取的危机应对措施,例如抢险救援、医疗救治、环境监测、善后安置保障、调查问责、信息辟谣等

续表

风险议题框架	含义	举例
风险反思框架	新闻报道涉及对于风险事件或议题发生的深层社会原因进行思考与反省,努力达成共识,以避免未来可能的类似风险	反思事故发生的根本原因与深层原因,例如安全生产意识淡薄、政府监管不力等

经统计发现人民日报通过各种渠道发布的"天津港 8 · 12 特大爆炸事故"相关报道所应用的风险议题框架以风险事实框架和风险调控框架为主,而风险反思框架的应用比例很低。在不同信息发布渠道中,《人民日报》报纸和微信公众号所发布的相关新闻报道对于风险调控框架的应用比例高于微博,人民日报微博和微信公众号所发布的相关新闻报道对风险事实框架的应用比例高于报纸,《人民日报》报纸的相关新闻报道在风险反思框架上的应用比例高于其他两种新媒体渠道(见表 9—17)。

表 9—17　《人民日报》报纸、微博、微信公众号新闻报道的风险框架分布

主流媒体类型 \ 风险框架	《人民日报》报纸	人民日报微博	人民日报微信公众号
风险事实框架	45.1%	79.6%	88.2%
风险调控框架	87.8%	62.3%	82.4%
风险反思框架	31.7%	9.0%	23.5%

五、报道倾向性

整体而言,主流媒体在突发公共事件的新闻报道以客观中立态度为主,略偏向正面宣传。经统计,人民日报在报纸与微信公众号的相关报道倾向性分布类似,均为中性报道占比七成以上,正面报道约为 17%,负面报道在 10% 左右。人民日报微博的中性报道比例明显低于其他两类渠道,占比 49.4%,负面报道比例(13.0%)高于正面报道比例(7.0%)(见表 9—18)。

表 9—18　　《人民日报》报纸、微博、微信公众号新闻报道倾向性分布

主流媒体类型 情感倾向性	人民日报报纸	人民日报微博	人民日报微信公众号
正面	17.1%	17.6%	17.6%
中性	74.4%	70.6%	70.6%
负面	8.5%	11.8%	11.8%
合计	100.0%	100.0%	100.0%

　　《人民日报》在突发公共事件新闻报道中所表现出来的客观中立、偏向正面宣传的报道倾向性，可以从"主流"和"媒体"两重身份进行解读。《人民日报》作为党报的核心，一方面需要宣传党的精神、政策和主流价值观念，另一方面也需要遵循"为人民服务"的宗旨，反映广大人民群众的需求和意愿。因此，主流媒体在突发公共事件新闻报道中既要注重作为新闻媒体的中立性与客观性，满足广大民众对于事态进展和政府应对的迫切信息需求，又要代表国家权力机构的利益，接受其所设立的审查制度，在党的领导下进行正面观点和典型事迹的宣传工作，过滤掉负面情绪和负面信息，增强党对人民的凝聚力，起到稳定民心和增强信心的作用。

第四节　主流媒体新闻发布效果评估

　　2013 年 1 月，中宣部部长刘奇葆在全国宣传部长会议上提出要"提高媒体的传播力、公信力、影响力，更好地服务于经济社会发展"，随后在对人民日报报社的调研活动中心再次强调要"提高新闻媒体的传播力、公信力、影响力，增强舆论引导的及时性、针对性、实效性"。2014 年 8 月，中共中央总书记习近平在中央全面深化改革领导小组第四次会议上提出，要"着力打造一批形态多样、手段先进、具有竞争力的新型主流媒体，建成几家拥有强大实力和传播力、公信力、影响力的新型媒体集团，形成立体多样、融合发展的现代传播体系"，并审议通过了《关于推动传统媒体

和新兴媒体融合发展的指导意见》。强月新与刘莲莲（2015）①对主流媒体传播力、公信力和影响力的内涵与相互关系进行了研究，该研究认为影响力是一种效果，是"媒体信息传播的效果"；传播力是一种能力，是"媒体对新闻事件进行建构和传播的能力"；公信力是一种资源，是"媒体因其传递的信息赢得公众普遍信任而拥有的权威性资源"，三者之间存在相互影响、相互交织的互为因果关系。在进行主流媒体新闻发布效果评估时，我们参考影响力、传播力、公信力的三位一体评价体系，结合具体案例并考虑到可操作性，从信息传播过程的角度，以受众信息接触为起点，以媒介传播内容为核心，最后回归到受众认知，依次分析主流媒体在突发公共事件中的到达力、传播力与公信力。

一、主流媒体的到达力

主流媒体的到达力是指主流媒体到达受众的能力，包括主流媒体对受众的覆盖率以及主流媒体新闻报道被受众所阅读、收听、收看的能力，是主流媒体产生影响力的基础。在评估主流媒体的到达力时，受众规模是其中一个重要因素，也是主流媒体通过新闻发布产生影响力的起点。无论是通过报纸还是"两微一端"，主流媒体都需要努力吸引到尽可能多的用户阅读，才可能进一步影响其认知与行为。此外，根据强月新与夏忠敏（2016）构建的媒体影响力乘法模型，信息接触的时长和频率也是决定主流媒体影响力的直接因素。受众接触媒体的时间越长、接触频率越高，可推知其所接触到的媒体报道内容也越多，从而越有可能受到媒体报道的影响。

以《人民日报》为例，其报纸发行量经过六十年的发展，从 1946 年创刊时期的一万份到 2015 年的三百多万份，发行量超过 300 万份，期间经历了连续十几年稳定增长。与报纸相比，人民日报微博与微信的发展历史仅短短几年，但随着互联网与移动互联网的普及，受众规模已远远超过

---

　　①　强月新,刘莲莲. 对主流媒体传播力公信力影响力关系的思考[J].新闻战线,2015（3）：46—47.

报纸。@人民日报微博账号的粉丝数截至 2015 年 9 月已超过四千三百万，"人民日报"微信公众号在 2015 年全年的总阅读量超过。10 亿[①]如此庞大的受众群体，保证了人民日报在各种信息发布渠道发布的关于突发公共事件的新闻报道能够大概率地对大面积的社会公众提供信息并产生影响。

二、主流媒体的传播力

刘建明（2003[②]）从媒介内容的角度出发，提出"媒介传播力"的概念，即"媒介的实力及其搜集信息、报道新闻、对社会产生影响的能力"。从定义可以看出，传播力取决于媒体本身的新闻报道能力，突发公共事件中的主流媒体传播力则体现在主流媒体在对相关信息、资源进行采编、组织、建构与整合后传递给受众，获取最优化传播效果的能力。如何直观地衡量主流媒体的传播力？目前主要有两种途径，一是通过调查的方式了解受众对于主流媒体新闻报道内容品质的评价，二是通过受众在网络上的评价了解其对于主流媒体新闻报道的态度。前者的成本高昂，后者则由于互联网的交互性特征具有操作便捷、利于捕捉的优势。

以"8.12 天津港爆炸事故"中人民日报在微博、微信端所发布的报道为例，可以发现主流媒体在突发公共事件报道上的传播效果良好，社会公众在阅读后积极扩散、互动并产生了认同感。通过对"人民日报"微博账号所发布的"8.12 天津港爆炸事故"相关报道的转发数、评论数、点赞数进行统计分析，发现单条微博的平均转发数为 17 417、平均评论数为 2 684、平均点赞数为 5 104。具体到每日的情况，可以发现在 2015 年 8 月 13 日、8 月 18 日、9 月 4 日出现了峰值。相比于微博，微信公众号的传播力较难衡量，文章的阅读量和点赞数可以作为一个佐证。在"人民日报"微信公众号所发布的"8·12 天津港爆炸事故"相关文章中，阅读量均在

① 新榜. 2015 年度中国微信 500 强报告［EB/OL］. 2016－1－17. http://www. newrank. cn/.

② 刘建明. 当代新闻学原理［M］. 北京：清华大学出版社有限公司，2003.

10 万以上，单篇文章的点赞数据均值为 4743，发布于 8 月 13 日的名为《今天，发条微信向逆火而行的人致敬!》的文章获得浏览者点赞最多，高达 24 823(见图 9—1)。

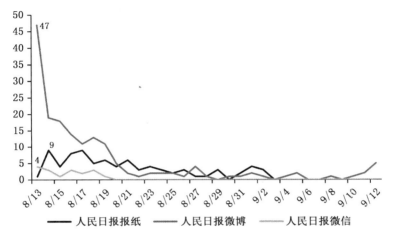

图 9—1　人民日报相关微博每日转发数、评论数、点赞数均值

三、主流媒体的公信力

信任是人类社会的重要资源和整合力量。在当今中国社会,高速的经济发展和城市化进程将"熟人社会"迅速推入"生人社会",传统社会的信任基础受到冲击,而新的信任体系尚未健全。相关研究者指出,处于社会转型期的中国社会,面临着从全权制国家转向市场型国家、从计划经济转向市场经济、从传统农业社会转向现代化工业社会的多重新旧秩序交替的冲击,社会矛盾和社会冲突加剧,人与人之间的信任感单薄,出现了严重的信任危机(郑也夫,2002;张维迎,2003)。

媒介公信力(media credibility)一直是传播学的热门研究领域,对此概念先后诞生了"属性说"和"关系说"两种不同的理解。早期研究多将媒介公信力视为媒介的固有属性,从信息传播者的角度展开研究。但随着研究深入,越来越多的学者开始从信息传播者与受众的关系角度来理解媒介公信力。O'Keffe(1992)认为媒介公信力是主观认知的可信度(perceived credibility),是受众对于媒介的可相信程度(believability)的主观评价。社会认知理论(social cognition theory)也指出,媒介公信力是一种社会大众对于信息来源的态度,是受众在心理认知层面对媒体内容的反应,即对信息的信任与不信任(Gunther,1988;Stamm,Dube,1994)。在我国 20 世纪 80 年代后期,国内学者开始对于传统媒体的公信力问题展开调查。

为了测量突发公共事件情境下,公众对于主流媒体公信力的评价,我们先后对传统主流媒体和新型主流媒体的公信力展开调查①。关于报纸、电视等传统主流媒体的公信力调查数据显示,相比于互联网上传播的信息,中国公众更加信任报纸、电视等传统主流媒体报道的突发公共事件信息。其中,43.2%的受访者表示更信任传统主流媒体,26.3%的受访者表示更信任来自网络的信息,20.2%的受访者对两者都信任,而 10.3%的受访者则两者都不信任。整体而言,超过六成的受调查者信任传统主流媒体关于突发公共事件的新闻报道。传统主流媒体的公信力来源于其权威的信源、强大的原创内容生产能力、严格的"把关人"机制,在突发公共事件报道中具有优势。

---

① 调查数据来源于 2014 年 12 月上海交通大学电话调查中心所执行的 CATI 调查,样本量为 1 080,范围覆盖全国 36 个城市的居民。

第十章　民间舆论场中的显性舆论

第一节　自媒体是民间舆论场的显性呈现

一、自媒体的定义

自媒体（We Media）又称"公民媒体"或"个人媒体"，是普通大众经由数字科技强化、与全球知识体系相连之后，一种开始理解普通大众如何提供与分享他们自身的事实、新闻的途径（美国新闻学会媒体中心，2003）。具体而言，自媒体是私人化、平民化、普泛化与自主化的传播者，以现代化、电子化的手段，向不特定的大多数或者特定的单个人传递规范性及非规范性信息的新媒体的总称。简言之，即公众用以发布自己亲眼所见、亲耳所闻事件的载体，如论坛/BBS、博客、微博与微信等网络平台。从定义上看，自媒体是一种媒介平台，无数自媒体用户的意见表达所形成的舆论空间是自媒体舆论场，在自媒体舆论场中流动的是自媒体舆论。

二、自媒体在突发公共事件危机传播中的作用

早在 2006 年，美国《时代》周刊就意识到了自媒体的力量，选择了Youtube、Wikipedia 等用户内容共享平台（User Generated Content，UGC）的一众网民作为封面人物（Time，2006）。[①] 自 20 世纪 90 年代以来，互联网在中国已经发展了二十余年，而自媒体也经历了从论坛、博客

---

① Lev Grossman. "You—Yes，You—Are TIME's Person of the Year"[N]. Time. 2006.

到微博、微信的十多年的发展历程。从功能上看，自媒体在西方国家的应用更多集中于商务、娱乐、社交等功能，在危机传播和应急管理中也承担着一部分的信息发布和沟通功能。相比之下，互联网和自媒体在中国则被赋予了更多的政治功能。互联网和自媒体在突发公共事件中不仅是信息发布和风险沟通的平台，同时也成为公众舆论监督的途径和民意上达的通道，扮演着舆论风暴中心和政治参与平台的角色，对于中国政治、文化和现实社会产生巨大的影响。

目前，国内外已有大量研究对于自媒体在突发公共事件危机传播中的作用进行了探讨，这些研究从个案出发，如自然灾害、环境危机、食品安全危机、反政府示威及游行等，通过定性分析方法研究危机传播的行为特征、媒介尤其是互联网和自媒体的作用以及政府的危机应对策略等内容。可以发现，自媒体在突发公共事件中，不仅是危机传播和危机管理的重要工具，而且深刻地影响了事件本身及其参与者（Veil，Buehner ＆ Palenchar，2011；Lindsay，2011；Graham，2014）。

三、自媒体在突发公共事件舆论生成与演变中的作用

突发公共事件后，自媒体舆论通常表现出数量大、频率高、持久度长的特征。以微博平台为例，在"天津港 8·12 特大爆炸事故"发生后的一个月时间内，新浪微博用户生成了数以千百万计的微博消息，其中来自普通网民的自媒体舆论贡献了绝大部分的讨论量，在信息总量和发布频率上都远远超过媒体等机构用户，也超过了具有一定影响力的知名人士（见图 10—1）。

自媒体舆论并非完全分散的、无组织的，而是可以通过标签的形式将无数个人意见聚集起来，形成具有一致性的舆论话题，从而扩大影响力。在"天津港 8·12 特大爆炸事故"发生后，新浪微博平台先后开通了多个与事件相关的话题页面，获取了数十亿的阅读量和数百万的讨论量。其中，最具影响力的微话题页面——天津塘沽大爆炸：话题页面由"新浪天津"微博账号主持，累计产生了 35.2 亿的阅读量和 472.1 万的讨论量，吸

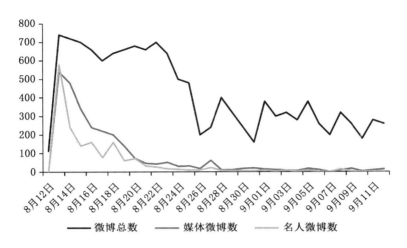

图 10—1 "天津港 8·12 特大爆炸事故"发生后一个月以内新浪微博平台数据

引了 33.6 万名粉丝的关注。天津港爆炸事故:话题页面由"菩提树钢网"微博账号主持,累计产生了 17.6 亿的阅读量和 310 万的讨论量,吸引了 1.5 万名粉丝的关注。"天津滨海爆炸"话题页面由"联众移动游戏"微博账号主持,累计产生了 13.1 亿的阅读量和 134.1 万的讨论量,吸引了 8 100 名粉丝的关注。"天津爆炸"话题页面由"帮哥网"微博账号主持,累计产生了 3.3 亿的阅读量和 64.3 万的讨论量,吸引了 3 786 名粉丝的关注。除了上述对事件方方面面情况进行宽泛讨论的微话题页面,随着时间的推移,还出现了不少聚焦具体议题的微话题页面。例如,在事发一周后出现的"天津港爆炸七日祭"话题页面主要讨论内容为向仍然奋战在一线的官兵致敬以及向遇难者致哀。该话题由"央视新闻"微博账号主持,累计产生了 6 870.5 万的阅读量和 7.5 万的讨论量,吸引了 216 名粉丝的关注。

四、自媒体为社会公众提供了一种特殊的政治参与形式

从政治学视角来看,政治参与(political participation)是指"公民影响政府的决定与政府活动相关的公共政治生活的政治行为"(Verba,

Schlozman & Brady，1995）。政治参与的形式多样，既包括传统意义上的政治参与行为（如投票、竞选、官员接触、社区活动等），也包括更广义的话语参与（discursive participation）（如私下场合的政治谈话与协商）和网络参与（online participation）（如网络空间的意见表达等）（Brady，Verba & Schlozman，1995；Shah，Cho，Eveland & Kwak，2005；Valenzuela，Park & Kee，2009）。

20世纪70年代以来，中国社会经历了一场全局性的深刻社会变革，在经济领域和政治体制改革同步进行的过程中，社会利益关系的调整触发了公众对知情权、表达权的诉求和政治参与热情（麻宝斌 & 马振兴，2006）。中国网民倾向于选择那些"相对安全"的方式，包括在互联网及社交媒体上发帖、跟帖、转发、评论、分享照片或视频等，来表达自己在突发公共事件中的态度和立场（陈剩勇 & 杜洁，2005；Zhou，2009；Benney，2011；Herold，2011；Wei，2014）。Yang（2003）认为，中国互联网的社会用途之一是培育了公共讨论和对社会问题的表达（problem articulation）。尽管网络行动具有多种形式，但仍以发声在线上的"话语和象征性抗争"为主（Yang，2009，2013），中国迎来了"众声喧哗"的网络政治参与时代（胡泳，2008），诸如"关注就是力量，围观改变中国"（笑蜀，2010）、"围观即参与，分享即表态"（胡泳，2010）等强调线上参与、话语参与的观点在传媒业界和网民中得到了广泛共鸣。在网络行动中，中国网民表现出了积极性、创造力，并且是多产的内容制造者（Yang，2009）。对于这种现象，有研究从"技术决定论"的角度进行解释，强调信息通信技术发展的作用（Polat，2005）。杨国斌（2013）更多地考虑了社会的复杂性，建立多元互动主义模型的分析路径，认为网络行动是由不同层面的众多力量（包括政治、社会、经济、技术、人口力量等）的"汇聚点"。我们所探讨的突发公共事件，与政治性和政府治理具有天然的联系（杨国斌，2013）。因此，在突发公共事件中，以互联网为代表的民间舆论场本身是构成了一种网络政治参与，并有助于公众的其他政治参与行为，进而推动了社会转型和民主进程。

第二节　自媒体舆论的传播时效性分析

根据使用和满足理论(Katz,1959),人们接触媒介的目的是满足自身某种社会及心理需求,而这种需求与社会因素和个人的心理因素有关。1972年,Blumler和Brown根据拉斯韦尔的四功能说将人们可能使用媒介的原因归纳为以下四个:(1)分散。即逃避既有的常规和存在的问题,属于一种情感宣泄。(2)个人人际关系。(3)个人身份认同或个人心理因素。(4)监督。1973年,Katz等人提出了使用大众媒介35种需求,并最终归为五个大类,分别是认知需求、情感需求、个人综合需求、社会需求和释放压力的需求,此后对于互联网以及社交网络使用动机研究则大多从以上的分类演变而来。研究表明,不同国家的网民对于社交媒体的使用动机存在差异。根据Kantar的最新调查报告,中国网民在社交媒体上的社交性目的较弱,而是以获取新闻资讯、分享心情以及获取实用信息作为主要诉求(Kantar,2015)。根据信息接触理论,在个体政治社会化的过程中,除了人格特征的影响,信息接触被认为是一个主要因素。个体通过家庭环境、学校教育、人际交流与媒体接触等种种途径习得政治知识,并在此过程中形成自己的政治倾向(马得勇、王丽娜,2015)。在传统媒体时代,中国社会的政治信息传播呈现出一种自上而下的单向主导范式。政府既是信息的掌握者,又是信息的发布者和把关者,政治信息主要是从社会化的实施机构流向社会个体。同时,报纸、刊物、广播、电视等传统的大众媒体是党和政府的喉舌,在政治信息的传播上官方社会化机构保持着高度的一致。然而,自媒体平台的出现和发展改变了社会化过程中政治信息的传播模式,减弱了信息控制,打开了政治信息单向传播的缺口,政治信息的传播开始从纵向单维转向横向多维(卢家银,2012)。中国网民通过自媒体平台接触政治信息成为常态。

具体到突发公共事件情境下,中国社会中的自媒体用户以信息需求为驱动的使用动机更加明显。人民网舆情监测室发布的《2013年中国互联网舆情分析报告》指出,"2013年的100件热点舆情中,由传统主流媒体首发的不足三成,而网民和网络认证用户通过互联网自媒体曝光的则接近半数。"以 2015 年 8 月的天津港特大爆炸事故为例,据《经济学人》报道,在此次事故中,尤其是在事故初期官方信息披露还并不完善的时候,来自自媒体平台的信息为公众提供了大量第一手信息,也披露了很多不为人知的细节(The Economist,2015)。①

"天津港 8·12 特大爆炸事故"中,以微博为代表的自媒体扮演了信息曝光者的角色,是社会公众获取突发公共事件信息的重要渠道。"天津港 8·12 特大爆炸事故"于 2015 年 8 月 12 日深夜十一点多发生,爆炸产生的浓烟和火光震动了整个天津港,可想而知当地民众的惊慌与迷茫,街头巷尾的议论纷纷。然而,当地民众的人际传播也无力将事件相关信息传播至更远的范围,而值此深夜,官方舆论场对于突发公共事件的信息发布机制无法迅速启动,无论是政府还是主流媒体的各个信息发布渠道都没有立即做出反应。此时,自媒体在突发公共事件中的首曝媒介作用就体现出来,在案发后不到一个小时的时间内,也就是当天夜晚零点之前,微博平台上已出现不少关于该起突发公共事件的信息。据不完全统计,截至 2015 年 8 月 12 日晚 12 点,包含"天津爆炸"字眼的微博信息共计 113 条,通过对这一批首曝微博的传播内容与传播者身份进行统计分析,发现以下特征:(1)首曝微博发布者主要为天津本地的普通微博用户。通过统计微博账号的身份信息,发现普通用户占比 77.0%,微博达人占比 16.8%,黄 V 用户占比 6.2%。通过统计微博附加的地理位置信息,发现标注地理位置信息的微博占比 73.5%,其中九成为天津本地。(2)首曝微博表现出明显的即时性与碎片化特征,几乎都是通过手机发布,并且篇幅短小。通过统计微博发布端信息,发现移动端发布的微博消息占比 97.3%,基本为手机发布,仅一条微博消息为 iPad 发布。通过统计微博字数,发现平均每条微博约为 41 个字,最长的一条微博到达新浪微博规定的字数上限 140 字。(3)首曝微博在内容上以描述事发现场为主,包括

---

① http://www.economist.com/news/china/21661490-blast-tianjin-sets-explosion-online-fired-up.

描述爆炸、震动、火光等感官体验，力求将当时的情境记录下来和传递出去。叙事语言表现出口语化、情绪化的特征，常使用感叹语气和表情符号。经统计有 21.2％的首曝微博使用表情符号，最常见的表情依次为吃惊、衰、惊恐、抓狂、流泪、哭泣及蜡烛等。首曝微博中，惊恐为最常见的情绪，通过对微博内容进行情感分析，发现惊恐情绪的微博占比 31.0％，悲伤情绪的微博占比 4.4％，愤怒情绪的微博占比 0.9％。（4）27.4％的首曝微博会@其他用户，主要为媒体和政府，以便将消息扩散。@他人的主要类型依次为：本地资讯博主（例如，@奏耐天津、@天津身边事、@介似天津卫等），全国性及区域性传统媒体开通的微博（例如，@人民日报、@央视新闻、@头条新闻、@今晚报、@天津日报、@天津广播等），公安、交警等相关政府部门开通的政务微博（例如，@天津交警、@平安天津、@滨海新区公安塘沽分局、@滨海发布等），极少数首曝微博会@普通微博用户。（5）六成首曝微博配有图片，4.4％的首曝微博附有视频，真实记录了爆炸的火光与浓烟。图片数量以 1～2 张居多，图片内容以爆炸火光和浓烟为主，其余还包括民居内外受损情况、露天围观居民等，真实记录了事发现场。（6）7.1％的首曝微博使用标签制造话题，有意识地引发舆论关注，话题名称包括♯天津开发区爆炸♯、♯天津塘沽爆炸♯等。

　　文本挖掘是数据挖掘领域的一个分支，是基于文本数据库的知识发现（Knowledge Discovery in Database，KDD）。从直观上理解，文本挖掘是通过信息提取、文本分类、文本聚类、自动文摘和文本可视化等技术，从大量非结构化的文本数据中提炼出可理解的、有价值的模式和知识（通常是某些文字出现的规律以及文字与语义、语法间的联系）的半自动化处理过程。在软件应用上，本书采用武汉大学信息与管理学院沈阳教授团队研发的 ROST 工具包中的 ROST CM 工具对文本内容进行词频分析，它能够支持对论文、网页、微博、聊天记录、书籍和本地 txt 文件等的文本分析。在获取各类型高频词的基础上，本书进一步采用在线词云可视化工具 Tagxedo[①]，实现对中

----

① http://www.tagxedo.com.

国多元舆论场频频出现的主题词描绘(见图10—2)。

图10—2 "8.12天津港爆炸事故"发生当日首曝微博信息的高频词云

第三节 自媒体舆论的传播内容研究

一、研究设计

在研究对象的选择上,我们选择新浪微博作为自媒体的代表,研究民间舆论场中自媒体舆论的传播特征,主要基于以下两个原因:首先,从用户规模和活跃度来看,新浪微博已成为中国社会最活跃的自媒体平台。自2009年建立以来,新浪微博先后经历了导入期、增长期、成熟期,逐渐发展为月活跃用户3.13亿的自媒体平台。其次,新浪微博已成为突发公共事件发生后重要的信息来源渠道和意见表达平台。根据《2015年微博搜索白皮书》数据,在"天津港8·12特大爆炸事故"发生后次日,大量新浪微博用户在新浪微博平台搜索事件相关信息,多个搜索关键词占据了当天的热搜榜①Top3,包括塘沽爆炸、天津爆炸、塘沽爆炸真相和塘沽爆炸伤亡等,单日点击量达到2 900万。

在研究突发公共事件中的民间舆论场时,我们继续选择"8.12天津港爆炸事故"作为案例,相关自媒体微博进行内容分析与文本分析,我们通过新浪微博平台提供的高级搜索功能,以"天津 爆炸"为关键词,剔除了媒体等机构微博用户,仅对个人(非组织)微博用户在事发后一个月以内(2015年8月13日~9月12日)发布的所有微博消息进行抓取,共获取超过两万条相关微博。利用每日微博搜索结果页面按时间降序的特征,我们采用系统抽样法定距随机抽取其中5%的微博,作为内容分析的材料,在1 009条待分析微博中,普通用户微博占比91.8%,加V用户微博占8.2%。

在编码阶段,由来自上海交通大学的三名经过培训的新闻传播学专业研究生对抽取的微博信息进行背对背编码。在各类目中,报道内容、报道框架、报道倾向性等类目的主观性较强,在与编码员反复沟通并要求其严格按照编码标准进行编码的基础上,为保证一致性进行编码与案件的信度检验,即由三名编码员共同对10%的微博内容进行编码,与其余舆论场抽取的文本合并后,共同计算Krippendorff Alpha系数,结果显示各类目下主观性较强的指标信度均达到了0.8以上的可以接受的水平。

二、传播形式

经对抽样微博进行内容分析和统计分析,发现在"8·12天津港爆炸事故"中,微博相关舆论在信息传播形式上表现出以下特征。

第一,关于"8·12天津港爆炸事故"的微博信息主要以短小的文字微博为主,平均每条微博的长度为76.78个字,配图、表情的使用比例并不高,分别占比29.1%和21.0%,视频和长微博的使用比例很低,分别为1.3%和0.6%。在配图微博中,摄影照片是最常用的图片类型,占比

---

① 新浪微博热搜榜是通过挖掘和捕捉用户搜索行为,提供微博中大众关注的热点,能否上热搜榜在一定程度上反映了该事件在社会公众心目中的关注度和兴趣点。

52.6%，照片内容主要是来自政府和媒体报道的新闻图片，也包括少数现场拍摄的受灾场景；此外，各类网页、微博、微信聊天记录和微信朋友圈的截图也是常见的图片类型，占比42.6%，在一定程度上体现出微博用户的信息来源；另有11.3%的微博使用漫画、宣传画等作为配图，极少数微博发布了动态图片，仅占0.3%。

第二，关于"8·12天津港爆炸事故"的微博信息中，有78.3%是通过移动端发布，揭示了移动互联网对于民间舆论场的深刻影响。随着移动通信技术和互联网的快速发展，移动互联网已深度融入普通民众的生活，塑造了全新的社会生活形态。根据中国互联网络信息中心（CNNIC）的调查报告，截至2015年12月，我国手机网民规模已超过6.20亿，在全体网民中的覆盖率达到90.1%，仅通过手机上网的网民规模达到1.27亿，占整体网民规模的18.5%。[1] 移动互联网的普及直接改变了民间舆论场的传播模式，基于移动端发布的自媒体舆论更加快捷、方便，也面临进一步碎片化的趋势。

第三，关于"8·12天津港爆炸事故"的微博信息中，有62.0%的微博用户使用了话题标签。在自媒体出现之前，民间舆论场中的舆论主体在地理位置上广泛分散、彼此不通，因此难以形成明显的一致性舆论。论坛、博客、微博等自媒体平台出现之后，分散的、无组织的社会公众终于有机会在同一个公共空间展开对话与讨论，然而虚拟网络世界的无限性和细分性仍然给舆论的形成带来障碍。随着自媒体平台在技术和用户体验方面不断升级，诸如话题标签、热搜榜等功能的开发为民间舆论的汇聚和交流提供了便利，能够将彼此没有关注和被关注关系的广大用户通过相同的话题联系起来，实现针对一个话题的广场式交流。

三、信息来源

经对抽样微博进行内容分析和统计分析，发现在"8·12天津港爆炸

---

① 中国互联网络信息中心（CNNIC）：第37次中国互联网络发展状况统计报告，http://cnnic. cn/gywm/xwzx/rdxw/2015/201601/t20160122_53283. htm.

事故"中,微博相关舆论在信息来源方面表现出以下特征。自媒体对于突发公共事件的讨论大多并未提及其信息来源,91.0%的微博消息未提及从何处了解到的突发公共事件信息。在提及信息来源的微博中,互联网尤其是以微博为代表的自媒体平台成为其了解突发公共事件信息的主要来源(38.9%),其次为新闻媒体(35.1%),事发当地民众与政府也成为比较重要的信源,分别占比10.7%和9.2%。

互联网之所以在民间舆论场中扮演着如此重要的作用,与中国媒介生态环境和政治环境的特殊性是分不开的。在此情境下,自媒体除了本身的社交功能,还被视为重要的新闻信息渠道和民间舆论风暴中心。早在2005年,就有学者指出,"中国网民和其他国家网民的网上行为的一个比较重要的差异就是对网上新闻的重视。"(郭良,2005)与此形成对比的是,美国网民使用Facebook、Twittter等社交网站主要是出于社交目的,分别约有2/3的社交网络用户为了与现在的家人朋友保持联系,1/2的用户为了找回失去联系的朋友,14%的用户为了与相同志趣者联系,9%的用户出于交友目的,仅有5%的用户是为了阅读公众人物评论而使用社交网络(Smith,2011)。因此,中国社会突发公共事件情境中的自媒体的角色和功能,不再局限于小范围的人际交往,而是承担了扮演突发公共事件信息来源的重要角色。

四、议题分布与流变

经对抽样的微博进行内容分析和统计分析,发现在"8·12天津港爆炸事故"中,自媒体发布的相关微博在议题方面的分布并不均匀,人文关怀类议题比例最高。在事发后一个月以内,人文关怀类的微博占比最高(32.5%),其次为危机应对类(29.0%),再次为归因问责类(19.3%),反思启示类和事故信息类微博的比例较低,分别为12.0%和7.2%。对各类议题进一步拆解开来、深入分析,可以发现:(1)讨论事故影响的微博比例为49.4%,其中人员伤亡是最受关注的影响类型,占比75.6%,其次为环境污染,占比12.2%,提及经济损失和社会稳定影响的微博较少,分别

为 7.3％和 4.9％。(2)讨论政府危机应对的微博比例为 55.4％。在各类
政府危机应对措施中,政府组织的抢险救援最受热议(54.5％),灾难发生
后的安置保障次之(22.7％),辟谣信息也被较多讨论(11.4％),医疗救
治、调查问责、环境监测与污染物处理提及较少,分别占比 9.1％、6.8％、
4.5％。)(3)有 12.0％的微博提及实质性的责任问题,其中涉事企业及其
负责人是最常被提及的责任方(66.7％),政府监管部门也成为较多被提
及的责任方(55.6％),其余还有 16.7％的微博消息认为媒体在事件报道
的真实、全面、客观方面存在问题,也负有一定责任。从集合行为理论的
研究视角来看,自媒体对突发公共事件的关注、信息需求与议题讨论,不
再是个体的兴趣所在,而是其公民意识和政治素养的表现及其对于知情
权与参与权的诉求;网民在自媒体平台所进行的传播行为,也不再是私人
的信息传播,而是其公共参与和政治参与的重要途径,成为一种公共领域
的传播(见图 10—3 和图 10—4)。

图 10—3 "8.12 天津港爆炸事故"发生后一个月自媒体微博信息的高频词云

事发后第一周(2015.8.13-8.19)

事发后第二周(2015.8.20-8.26)

事发后第三周(2015.8.27-9.2)

事发后第四周(2015.9.3-9.12)

图 10-4　"8·12 天津港爆炸事故"发生后一个月各周自媒体微博信息的高频词云

五、情感倾向性

经对抽样微博进行内容分析和统计分析,发现在"8·12 天津港爆炸事故"中,微博相关舆论在情感倾向性上以负面情绪最多,占比 38.6%;其次为无明显情绪或同时出现两极化情绪的中性微博,占比 34.9%;抒发正面情绪的微博比例最低,为 26.5%。

第四节　自媒体舆论的传播效果评估

一、自媒体舆论传播效果的直观衡量及其社会意义

皮尤研究中心于 2012 年对美国成年人的社交媒体使用和政治参与分别进行全国性调查（Pew Research Center，2012），[①]发现美国有 66％的社交媒体用户（39％的成年人）通过社交媒体进行政治参与，其中最常见的一种政治参与行为是在社交媒体网站上对他人发布的政治或社会议题"点赞"或"转发"，占比 38％。与美国同类调查相比，中国网民在社交媒体上对于公共议题传播表现出更高的参与比例和参与热情。随着政治参与意识和媒介素养的提升，中国公众在社会生活中已不再是单纯的信息接受者，而是对公共议题即突发公共事件表现出更多的关注，并通过多种渠道参与到突发公共事件的传播过程中来。中国网民人口基数大，截至 2015 年 12 月底已达到 6.88 亿，其中城市网民人数接近 5 亿（CNNIC，2016[②]），这意味着可能有数以亿计的人们在自媒体上传播突发公共事件信息，自媒体在中国正日益成为一种重要的政治参与途径。在中国，数以亿计的自媒体带着强烈的表达意愿和表达权利从隐匿走向了前台，成为民间舆论场的原动力，同时"集聚社会力量的工具"，推动政府决策和社会改革的重要社会力量（王贵斌、斯蒂芬·麦克道威尔，2013）。[③]

二、自媒体舆论的情感共鸣力最为突出，互动性与传播力一般

经对抽样微博的转发数、评论数、点赞数进行统计分析，发现在"8·12 天津港爆炸事故"中相关微博所获得的平均点赞数最高（M＝

---

①　http://www.pewinternet.org/fact—sheets/politics—fact—sheet.

②　中国互联网络中心（CNNIC）：第 37 次中国互联网络发展状况统计报告，2016. http://www.cnnic.net.cn.

③　王贵斌，斯蒂芬. 媒介情境、社会传统与社交媒体集合行为[J]. 现代传播：中国传媒大学学报，2013（12）：100—106.

637.12,sd＝13346.680),平均转发数(M＝104.60,sd＝1204.158)和评
论数(M＝122.65,sd＝104.60)明显较低。

三、自媒体舆论的传播效果具有"长尾效应",意见领袖的影响力突出

在微博上,意见领袖拥有广泛的粉丝群体,通过关注与互动的形式可以快速实现突发公共事件的广泛传播,这是普通用户难以匹敌的强大影响力。传统的二级传播理论仍然适用于突发公共事件中的自媒体舆论场。通过比较加V用户与普通用户的关注数、粉丝数和已发布的微博数均值,可以发现加V用户均显著超过普通用户,尤其是粉丝数达到了近一万倍的数量级差距(见表10—1)。如此悬殊的差距体现出自媒体平台上的加V用户在潜在受众规模和活跃度方面均与普通用户拉开差距,那么这种差距是否能使加V用户在影响力和传播力方面也产生巨大的优势,成为民间舆论场中呼风唤雨的意见领袖呢?

表 10—1　加V用户与普通网民微博的关注数、粉丝数、微博数均值检验

	关注数		粉丝数		微博数	
	均值	t 值	均值	t 值	均值	t 值
意见领袖微博	1 388.81	3.875***	5 918 109.89	4.378***	18 594.40	7.902***
普通网民微博	318.95		640.55		1 422.93	

注:* p＜0.05,** p＜0.001,*** p＜0.001

通过比较加V用户与普通用户所发布的单条微博的转发数、评论数与点赞数均值,对应发现加V用户的影响力、传播力和引发情感共鸣的能力均远高于普通网民(见表10—2)。

表 10—2　加V用户与普通网民微博的转发数、评论数、点赞数均值检验

	关注数		粉丝数		微博数	
	均值	t 值	均值	t 值	均值	t 值
意见领袖微博	1 198.36	8.972***	1 424.47	5.653***	7 432.47	4.897***
普通网民微博	6.57		5.84		26.72	

注:* p＜0.05,** p＜0.001,*** p＜0.001

通过对抽样微博的关注数、粉丝数、微博数以及转发数、评论数、点赞数绘制直方图，可以发现各指标均存在长尾分布的现象，说明无论是从影响力、活跃度还是传播效果的角度，自媒体中的意见领袖都占据了数倍于自身规模的巨大资源和话语权（见图10—5和图10—6）。从这个角度来看，在突发公共事件的情境下，世界不是平的，自媒体也无法赋予每一个人同样的话语权，反而会加速"中心化"过程，经过积累和竞争，民间舆论场中的意见领袖最终脱颖而出。

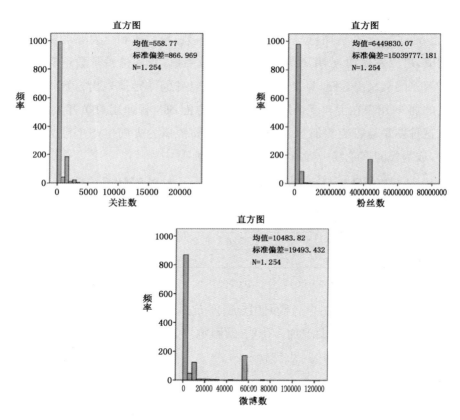

图 10—5　"8·12 天津港爆炸事故"相关微博关注数、粉丝数、微博数的直方图

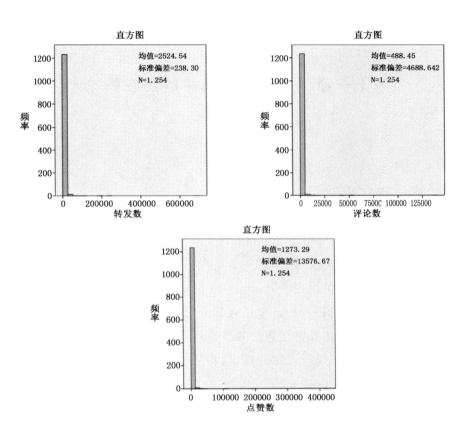

图 10-6 "8·12 天津港爆炸事故"相关微博转发数、评论数、点赞数的直方图

第十一章　民间舆论场中的潜在舆论

第一节　潜在舆论的概念

在探讨公共舆论(public opinion)的文献中,对公众(public)一词之意涵有深入的解析与界定。最早的一个定义是将民众区分为"一般民众"(general public)与"关注民众"(attentive public)两类(Levine ,1999)。[①]其中,"一般民众"乃指一般人,包括大部分对公众事务不了解或无兴趣者,而"关注民众"则指经常注意公共事务且有兴趣者。Price(1992[②])更进一步依照参与政策议程设定的程度,将民众细分为一般民众(general public)、投票民众(voting public)、关注民众(attentive public)、活跃民众(active public)以及议题民众(issue public)。其中,"投票民众"意即选民,"活跃民众"则指关注民众中积极参与正式或非正式政治活动者,"议题民众"一般与涉入议题有关。不难发现,公众作为一个整体性概念,也是可以根据其在舆论表达方式上的差异性进行划分的。在中国社会,由于公共参与机制尚未实现制度化和常规化,政府与社会合作式的公共参与状态尚未达成(俞可平,2014),普罗大众的公共参与和政治参与渠道较为狭窄,简单的"关注"也构成一种参与途径。随着网络空间崛起,自媒体逐渐成为人们公共参与的重要平台,但不应忽视通过其他形式参与舆论活动的公众群体。

---

① Levine,M. H. 政治学中争辩的议题[M]. 王业立,郭应哲,林佳龙,译. 台北:韦伯文化,1999.

② Price,V. Public Opinion,Newbury Park,CA:Sage. 1992.

20 十世纪二三十年代,西方研究者开始注意到潜在舆论的存在,例如 Thurstone(1928)[①]提出根据"显性－隐性准则"来界定态度(attitude)。Allport(1937)明确指出在进行舆论研究时,不能忽略那些人们可能持有、但并未表达出来的潜在意见。Lane 和 Sears 等人(1964)也对那些在社会中未表达出来的、非公开的、内在的潜在舆论进行了概念界定和形态分析,强调了其具有重要意义。

国内关于潜在舆论的研究最早出现在 20 世纪 80 年代,沙莲香(1987)[②]将舆论分为显在性舆论和潜在性舆论两种形式,前者"通过多数人明确的言语或态度表现出来",具体包括自上而下和自下而上两种表达形式,后者则是"那些没有公开表示,只是在亲人或熟人范围内谈论和散布的意见、思想与情绪",具有"明显的情绪性特征"。在此基础上,马乾乐和程谓(1991)[③]根据舆论发展程度不同,将舆论分为显现性舆论和潜在性舆论,后者是指那些"处于初级和萌芽阶段、未被表达或大范围公开传播的舆论"。陈力丹(1999)[④]将舆论分为显舆论、潜舆论和行为舆论。顾名思义,潜舆论是未说出口的舆论,例如以怒目冷对等表情呈现,显舆论是说出口的舆论,例如众声喧哗的自媒体舆论,行为舆论则包括静坐、游行、示威等非话语形式的政治参与行为。无论是何种形式的舆论,民间舆论和民间舆论场对现实社会秩序与社会结构都具有极大的冲击力,是官方舆论场需要重视和尊重的舆论场域(童兵,2013)。胡钰(2001)[⑤]根据舆论存在形态不同,将舆论分为显性舆论与隐性舆论,显性舆论是"公开表现出来的舆论",隐性舆论则是"没有公开表现出来、但在特定群体内流传的舆论"。丁金山和袁新洁(2003)[⑥]将"潜在舆论"与"大众舆论"的概

---

① Thurstone L L,"Attitudes can be measured"[J]. *American journal of sociology*,1928,(4):529－554.

② 沙莲香. 社会心理学[M]. 北京:中国人民大学出版社,1987.

③ 马乾乐,程谓. 舆论学概论[M]. 太原:山西人民出版社,1991.

④ 陈力丹. 舆论学:舆论研究导向[M]. 北京:中国广播电视出版社,1999.

⑤ 胡钰. 新闻与舆论[M]. 北京:中国广播电视出版社,2001.

⑥ 丁金山,袁新洁. 潜在舆论简析[J]. 湘潭师范学院学报(社会科学版),2003(6):147－148.

念相对立，认为潜在舆论主要包括"大众舆论形成之前的没有消除个体观念偏差的分散的意见"以及"与主流大众舆论相对立的看法"，并否认了潜在舆论的重要性。然而，这种定义十分模糊，识别性不强，且存在与舆论本质相悖的问题。在潜在舆论的范畴内，徐翔（2012①，2015②）先后提出"隐性舆论""沉默舆论"的概念，措绘了那些在社会生活中"不被公开表达、议论"或"不被明确的言语表征"的舆论现象，并强调这种隐性的、沉默的舆论蕴藏着较强的传播能量和影响作用。童兵和王宇（2016）指出潜在舆论是社会上分散、无组织的公众面对一些事件、事态、话题和议程，出于各种限制和压力无法在公开场合及大众媒介上进行讨论和表达，只能选择面对面私下传播或借助书信、电话、手机、微博和微信等媒介传播。潜在舆论具有主体分散、传播方式隐匿、内容不宜公开议论和传播、以直接或间接利益为传播动机的特征。

综上所述，潜在舆论是普罗大众在现实社会中的真实声音，与互联网上喧嚣的自媒体舆论不同的是，潜在舆论生成与演变依赖于小范围内的人际传播，没有形成公开发表的文字、图像或影音信息，因此稍纵即逝、难以捕捉。在我国，潜在舆论生成与传播的重要原因是社会转型期的社会矛盾和社会冲突激烈，官方与民间存在种种利益冲突，但社会公众却缺乏正常化的信息获取渠道和舆论表达渠道，导致大量突发公共事件背后潜伏着许多不想或不能公开的潜在舆论。结合我国现阶段的社会情境，潜在舆论是民间舆论场的重要构成部分，对更加隐秘的潜在舆论进行收集、分析和引导是官方舆论场的重要工作和重大挑战。

第二节　潜在舆论的测量手段

目前，面向潜在舆论的研究方法包括深度访谈法、调查法（包含入户调查法、电话调查、网络调查法等）、实验法等多种方法。其中，深度访谈

---

① 徐翔.重视隐性舆论的机理与应对[J].青年记者,2012(18):43—44.
② 徐翔."沉默舆论"的传播机理及功能研究[J].南京社会科学,2015(10):112—117.

法适用于小样本研究,在面对大样本时则难以通过典型个案了解总体全貌,因此在收集中国社会的潜在舆论方面并不适用。实验法的成本高昂,也不适合大范围实施。相比之下,调查方法成为收集潜在舆论场中的民意的最合适之选。在各种调查方法中,入户调查面临着调查时间长、实际操作难度大等现实问题,而网络调查所能接触到的人群与实际总体存在偏差。相比之下,电话调查法具有以下优势:一是中国电话高普及率保证了调查样本的代表性。截至 2015 年底,中国移动电话用户总数达到 12.86 亿户,普及率达 94.5%,固定电话普及率为 16.9%(工信部,2016)。①我们通过对手机和固定电话用户进行配比,保障了样本对于总体的代表性。二是通过计算机辅助电话调查系统(CATI)实施调查,采用随机拨号抽样方法(Random Digit Dialing,RDD)保证了样本的代表性和质量。三是不同于区域性或特定群体的便利抽样调查,全国性电话调查能够客观、真实地代表中国社会公众的真实面貌。四是执行便捷,时间成本和金钱成本较入户调查低。诚然,目前电话调查法也存在一些缺陷,例如在无法面对面交谈时访员与受访者之间可能产生的沟通障碍、电话访问的时长限制等。综上,采用电话调查法在收集潜在舆论场中流动的潜在舆论利大于弊。

作为现实民意的汇聚地,潜在舆论代表了普罗大众在现实社会中的真实声音,但与自媒体舆论场不同的是,潜在舆论场的生成与演变都依赖于口口相传的人际传播,没有形成公开发表的文字、图像或影音信息,因此需要采用适当的方法收集、分析和研究。本章针对媒介使用、媒介信任、突发公共事件认知等一系列主题,由上海交通大学社会调查中心于2014 年 12 月分别组织并实施了两次全国性电话调查,分别针对中国普通居民与网民群体,在选取的 36 个国内主要城市中采用随机拨号抽样方法(Random Digit Dialing,RDD),通过计算机辅助电话调查系统(CATI)实施调查,最终获得有效问卷 1 080 份,抽样误差在 3% 以内。两次调查

---

① 2015 年通信运营业统计公报,http://www. miit. gov. cn/n1146285/n1146352/n3054355/n3057511/n3057518/c4609344/content. html.

的有效样本量分别为 1 080 个，共计 2 160 个，覆盖了我国 36 个主要城市（包括 4 个直辖市、27 个省会城市、5 个国家社会与经济发展计划单列市），在地理范围上囊括了我国各行政区域。从样本结构上看，面向普通居民的调查样本经性别年龄加权后的调查样本男女比例为 50.7∶49.3，年龄在 20 岁以下者占比 9.0%、20～29 岁占比 20.7%、30～44 岁占比 30.8%、45～59 岁占比 24.1%、60 岁以上占比 15.4%；受教育程度是小学及以下者占比 6.4%、初中占比 19.1%、高中或中专占比 25.1%、大专占比 17.8%、大学本科占比 27.2%、研究生及以上占比 4.4%。面向网民群体的调查样本经性别年龄加权后的调查样本男女比例为 50.7∶49.3，年龄在 20 岁以下者占比 9.3%、20～29 岁占比 47.3%、30～44 岁占比 31.0%、45～59 岁占比 9.6%、60 岁以上占比 2.8%；受教育程度是小学及以下者占比 3.2%、初中占比 12.4%、高中或中专占比 23.6%、大专占比 22.6%、大学本科占比 34.0%、研究生及以上占比 4.3%。可以发现网民群体明显存在年轻化、受教育程度高的特征。

第三节　潜在舆论的表达方式

　　与喧嚣的自媒体舆论不同，在现实社会中存在的潜在舆论场依托于真实的社会身份和人际关系，通常以人际传播的方式进行舆论表达。在人类社会中，人际传播是最原始、最自然、最基本的社会生活形态，也是社会形成和存在的基础。人际传播具体包括多种传播方式和传播渠道，例如面对面的口头传播，依托书信、电话、短信和即时通信电话等媒介的文字、语音及视频传播（胡春阳，2015）。

　　在突发公共事件中，口头传播是潜在舆论表达的主要方式。调查结果显示，当了解突出公共事件后，35.3%的受访者表示无行动，64.7%的受访者表示会发生信息传播行为，在所有接受调查的人中，35%的受访者通过口头转告他人，成为最主要的传播方式，其余的传播方式包括通过微博等自媒体平台发布信息，以及通过微信、QQ 等进行人际传播，另有部分受调查者表示会同时采取多种传播方式。该结果揭示了一个有趣的社会现实,那就是在面对突发公共事件信息时,普通民众的第一选择并不是通过自媒体平台发布信息,而是通过口头传播的形式在身边的人际网络中扩散,从而形成潜在舆论。这种相对隐秘的舆论表达方式是由突发公共事件的敏感性以及利益相关性决定的。从敏感性的角度,中国社会转型期所爆发的突发公共事件大多为冲突型事件,考验政府应急管理和危机应对能力,官方舆论场对此类事件的态度多为引导正面舆论、控制甚至压制负面信息,此时通过广场式的自媒体平台发布信息显然是高风险、低收益的,普通社会公众在信息需求旺盛和信息获取匮乏的情况下,通过口头传播的方式在小范围的人际圈内分享、交流获知的突发公共事件信息,是一种安全而无奈的选择。从利益相关性的角度,突发公共事件大多会切实影响社会公众的现实利益,例如一定范围内的社会秩序遭到影响、一部分公众的生命及财产安全受到威胁、一部分地区的社会安全和稳定受到破坏等,因此普通公众基于自身利益,既强调对于突发公共事件的知情权,又有动力向人际关系密切的圈子传播相关信息,提醒身边的人规避风险。

第四节 自媒体舆论与潜在舆论的差异与联系

在中国社会,由于突发公共事件的敏感性、与社会公众的利益相关性,以及正常舆论表达渠道的匮乏,共同导致了民间舆论场中的自媒体舆论处于一个特殊的位置。一方面,自媒体舆论是显性舆论,因其声势浩大、有迹可循,成为舆论研究和舆论引导的重要对象;然而另一方面,自媒体舆论能否完全代表民间舆论场却始终存在争议,自媒体舆论与现实社会中的潜在舆论关系如何一直是学术界的研究热点。从传播形式来看,自媒体舆论是显性的、有迹可循的、在虚拟网络世界中留下了文字记录的,而潜在舆论是隐性的,隐匿于街头巷议和人际传播中,未留下公开的、明确的文字记录。为了比较自媒体舆论与潜在舆论的差异与联系,我们以上海交通大学舆情研究实验室社会调查中心先后组织的多次全国性电话调查数据为基础，对积累的调查样本进行分类和重组，获取了来自全国36个城市的1 080个网民和1 080个普通民众（随机包含网民与非网民）的两个子样本群体。同时，我们继续利用在新浪微博上采集的个人（非组织）微博用户对于重大突发公共事件"8·12天津港爆炸事故"发布的消息，综合比较自媒体舆论与潜在舆论的差异与联系。

一、自媒体舆论与潜在舆论的差异

1. 主体差异

网民群体的规模和结构无法代表社会总体。

首先，中国互联网普及率未能覆盖全体社会公众。根据中国互联网络信息中心发布的第39次《中国互联网络发展状况统计报告》显示，截至2016年12月，中国网民规模达7.31亿，互联网普及率达到53.2%，这也意味着尚有近一半的社会公众未被覆盖。其次，网民群体结构与总人口结构存在差异，尤其是在年龄、学历、地域与城乡结构上存在较大偏差。世界不是平的，一条巨大的数字鸿沟横亘在高龄、低学历、偏远地区及农村地区者面前，这些弱势群体的声音无法在网络民意中反映出来。

2. 议题差异

网络民意更强调情感宣泄和监督政府，现实民意更关注自身利益。

全国性电话调查数据显示，针对突发公共事件信息的线上传播与线下传播的议题分布存在差异。网络民意中以情感宣泄（73.8%）、期待看到政府态度（73.1%）、表达自己的态度（67.5%）为主，提醒家人朋友规避风险（62.4%）的比例相对较低。而现实民意中提醒家人、朋友规避风险（55.2%）、表达自己的态度（52.0%）和期待看到政府的态度（51.8%）的比例较高，情感宣泄比例（48.8%）较低。

3. 影响力差异

由于互联网传播特性和中国政治环境，网络民意更容易产生一呼百应、众声喧哗的虚幻图景，而现实民意局限于小范围的人际传播。

以 2015 年发生的重大突发公共事件"8.12 天津港爆炸事故"为例,微博平台关于此事件信息的阅读量数以十亿计、讨论量达数百万,微信平台的公众号发文也在一个月内达到两万三千余篇(数据来源:慧科新闻搜索数据库)。此种传播图景很难出现在现实民意传播环境中。究其原因,除了互联网特有的海量、极速、扁平化等传播特性,不能忽视的是在中国特殊的政治环境中,普通公众倾向于选择那些"相对安全"的方式——包括在互联网及自媒体平台上发帖、跟帖、转发、评论、分享照片或视频等——来表达自己在突发公共事件中的态度和立场。

二、自媒体舆论与潜在舆论的联系

值得注意的是,尽管网络民意不等同于现实民意,但却是社会现实的观照,与现实民意有着千丝万缕的联系,主要体现在以下几个方面。

(1)自媒体平台上传播的舆论是现实社会中潜在舆论的映射,两者对突发公共事件的普遍关注,折射出公众对知情权、表达权的诉求和政治参与热情。

全国性电话调查数据显示,中国网民与普罗大众对突发公共事件的关注度具有一致性,以 1～5 分为"从不关注"至"非常关注"打分,中国网民与普罗大众的平均关注度相差无几,分别为 3.67 和 3.77 分,且分别有 39.8% 和 44.2% 的受访者持"比较关注"的态度,占比最高。线上与线下民众对于突发公共事件的普遍关注,折射出转型期中国社会利益关系的调整触发了公众对知情权、表达权的诉求和政治参与热情。

(2)自媒体舆论与潜在舆论建立在共同的社会心态和利益诉求之上。

全国性电话调查数据显示,中国网民与普罗大众的社会心态具有一致性,具体表现在较高的社会安全感、较低的社会公平感和社会整体和谐感上。首先,以 1～5 分为"非常不安全"至"非常安全"打分,中国网民与普罗大众的平均社会安全感十分接近,分别为 3.24 和 3.12 分,选择"比较安全"的两类受访者是最多的,占比 35.2% 和 37.2%。其次,以 1～5 分为"非常不公平"至"非常公平"打分,中国网民与普罗大众的平均社会公平感十分接近，分别为 2.81 和 2.86 分，选择"不太公平"和"一般"的受访者居多。最后，以 1～5 分为"非常不和谐"至"非常和谐"打分，中国网民与普罗大众的平均社会和谐感相差无几，分别为 3.04 和 3.11 分。

　　本次调查还关注了自媒体用户在突发公共事件中的信息需求情况。调查结果显示，受访者在发生突发公共事件后第一时间最想了解到的信息是"政府如何处理"（51.1％），其他类型的信息需求依次为"事件发展状况"（48.7％）、"事件原因"（42.3％）、"事件危害"（42.3％）、"是否与我相关"（24.5％）。与此形成对应的是，"8·12 天津港爆炸事故"的自媒体舆论分析结果显示，微博用户最为关注的议题是政府危机应对（29.0％），在各项议题中排在第二位。在讨论政府危机应对的微博消息中，政府组织的抢险救援最受热议（54.5％），灾难发生后的安置保障次之（22.7％），辟谣信息也被较多讨论（11.4％）。在关于责任追究议题的讨论中，政府监管部门成为较多被提及的责任方（55.6％），排在涉事企业及其负责人之后的第二位。

第十二章 突发公共事件中官方与
民间舆论场的异同比较

近年来,国内关于舆论研究指标体系构建的研究层出不穷,根据研究对象的差异可大致分为针对民间舆论场和针对政府、主流媒体等官方舆论场两大类。其中,关于民间舆论场的研究指标体系构建主要集中在自媒体舆论场,尤其是对网络舆论的监测、预警指标体系。例如戴媛(2008)从系统工程学的研究视角出发,构建了"网络舆情安全评估指标体系",具体包括信息传播扩散、民众关注、内容敏感性和态度倾向性四个维度。王青等人(2011)从舆情热度、舆情强度、舆情倾度和舆情生长度四个维度构建了"网络舆情监测与预警指标体系"。刘绩宏和钟杏梅(2012)建立了"重大事件舆情监测指标体系"和"重大事件舆论危机预警分析指标体系",其中重大事件舆情监测指标体系包括扩散度、聚焦度、解析度和参与度四个一级指标,重大事件舆论危机预警分析指标体系包括舆情发展速度指标和舆论危机潜力指标、负向舆论潜力指标、强烈舆论潜力指标四个一级指标。林琛(2015)基于网络舆论形成过程建立了"网络舆情指标体系",具体包括网络舆情监测指标、网络舆情评估指标与网络舆情预警指标三个量化指标体系。姜景等人(2016)以微博舆论作为网络舆论的代表,构建了三维微博舆论生态位模型和综合测度指标体系,从宏观、中观与微观三个层面生态位宽度、重叠度和竞争优势对微博舆论进行测度。关于官方舆论场的研究指标体系构建主要集中在对政府和主流媒体信息传播和舆论引导的评价方面。例如,郭晓科(2014)根据拉斯韦尔的"5W"传播模式,从传播主体、内容、信源、受众和效果五个维度构建了"主流媒体舆论引导力评价指标体系",对主流媒体的舆论引导力进行评估。黄笑迪（2013）以地方网络问政平台为研究对象，构建"政府网站舆情监测指标体系"，包括当月舆情总体指标、网络问政排名指标、舆情受众指标和互动情况指标。陶勇和王益民（2014）以政府机构和人员开设的政务微博为研究对象，构建了包括覆盖力、传播力、服务力和成长力4项一级指标和20项二级指标的"政务微博评估指标体系"。丁迈和缑赫（2016）在媒体融合背景下构建了"主流媒体舆论引导能力评估指标体系"，以拉斯韦尔"5W"模式为基础对传统主流媒体的主体、渠道、内容、受众和效果要素进行考量，并将主流媒体在新兴媒体平台上的表现纳入考虑，包括新兴媒体用户数量、阅读量等指标。还有少数研究从政府、媒体与公众三大舆论参与主体相互作用的角度出发，构建指标体系。例如，谈国新和方一（2010）综合考虑了舆论本身、受众、发布者三方，提出"突发公共事件网络舆情监测指标体系"包括舆情发布者、舆情要素、舆情受众、舆情传播以及区域和谐度五个指标群。冯江平等人（2014）构建的"网络舆情评价指标体系"包括政府舆情应对能力、网媒舆情热度、网民心理特征三个部分。

在现有的各种舆论研究指标体系的基础上，通过归纳总结，我们发现目前在舆论研究指标体系中存在以下问题：指标体系不完整、指标体系构建主观性强、指标体系缺乏实证论证、部分指标的理论深度不足及部分指标的量化可行性低等问题（王青，2011；曾润喜 等，2014；曹蓉，2015）。我们认为，上述舆论研究指标体系的另一个主要问题是，大多数以单一主体或媒介作为研究对象，缺乏跨场域、多主体的综合舆论研究。因此我们在前人研究的基础上，提出跨场域综合舆论研究指标体系，并界定具体的量化指标，为突发公共事件舆论研究提供了更加客观、全面、深入的框架。

第一节　量化指标体系构建

美国政治学家哈罗德·拉斯韦尔于1948年提出的"5W"传播模

式,界定了传播学的研究范围和基本内容,为人类社会传播活动研究提供了模式化的研究方法。根据"5W"传播模式,传播主体(who)、传播内容(says what)、传播渠道(in which channel)和传播受众(To whom)、传播效果(with what effects)这五个要素概括了舆论传播活动的整个过程,缺一不可且相互影响。无论是政府、媒体还是普通公众,舆论场中的参与主体在信息传播活动中都面临相同的传播要素,因此我们以"5W"传播模式串联起跨场域综合舆论研究的全过程,有助于厘清不同舆论场中的信息传播流程,也为后续的对比分析提供了保障。在拉斯韦尔提出的"5W"传播模式指导下,基于前文对于官方舆论场和民间舆论场的实证研究,构建三级量化指标体系,强调根据不同舆论场的信息传播特征求同存异,保证既有共性指标,以强调不同舆论场之间的可比性,又有个性指标,强调不同舆论场的特色。跨场域综合舆论指标体系的各类指标含义及度量方式如表12-1所示。跨场域综合舆论研究指标体系的一级指标共有五个,包括舆论场参与主体、传播环境类指标、传播形式类指标、传播内容类指标和传播效果类指标。在传播内容的部分,我们应用框架理论,将框架纳入跨场域综合舆论研究指标体系,作为舆论场信息传播内容部分的量化指标之一。框架理论又称架构理论,是一种起源于20世纪70年代末期的西方传播学经典理论。Entman(1993)指出框架存在于传播者认知、传播建构的文本、受众认知以及整个传播活动所置于的社会文化场景之中。框架分析起源于媒体的新闻报道,但不仅限于此。结合传播学、社会学、心理学的观点,"框架"是一种认知和呈现事物的架构,通过对事物信息进行选择和加工,凸显特定的内涵、思想和价值(孙彩芹,2010)。在框架理论的视阈下,突发公共事件作为一种社会问题或公共议题,在实质上是一种媒介构建的想象的情境,信息发布者或传播者在公共表达的场域中,有意识地筛选、组织和呈现,以特殊的方式实现架构(framing),从而体现出主体的权力。

表 12－1　　　　突发公共事件中的跨场域综合舆论研究指标体系

一级指标	二级指标	指标含义	度量方式
参与主体指标	信息传播者	舆论场中相关信息的发布者、传播者	包括政府、媒体、公众等
	信息接收者	舆论场中相关信息的接受者	包括政府、媒体、公众等
传播环境指标	信息传播渠道	舆论场中相关信息的传播渠道	包括各种大众媒介渠道以及其他线下传播渠道
	信息量	舆论场中相关信息的绝对量	包括字数、条数、篇数等
	信息传播时效性	舆论场中相关信息的传播时效性	包括传播时间点、频率、速度、持久度等
传播形式指标	文字呈现形式	舆论场中相关信息中文字信息等视觉呈现形式	包括体裁、字数、位置、排版、篇幅等
	多媒体呈现形式	舆论场中相关信息中各种多媒体资源的应用情况	包括图片、视频、表情、地理位置信息、超链接等
传播内容指标	信源	舆论场中相关信息的信息来源	包括政府、媒体、专家学者、普通网民等
	议题	舆论场中相关信息所涉及的话题	视突发公共事件具体情况而定
	框架	舆论场中相关信息发布与传播采用的框架	包括新闻通用框架与具体议题框架（如风险议题框架）
	情感	舆论场中相关信息的情感倾向性、情感类型以及情感指向	采取正面、中性、负面的三分法
传播效果指标	覆盖力	舆论场中潜在的受众规模	包括发行量、收视率、粉丝数、订阅量等
	传播力	舆论场中相关信息的传播范围、力度、口碑	包括阅读量、转发量、评论量、点赞量等
	互动性	舆论场中相关信息发布主体与受众的互动情况	包括转发量与评论量及其内容评价

第二节　舆论传播环境比较

一、新媒体环境下，两个舆论场的信息传播渠道多样化、重叠度增加

在传统媒体时代，官方舆论场的信息发布与舆论引导主要通过主流媒体报纸、电视等渠道完成。随着互联网引入中国,政府和主流媒体纷纷建立官方门户网站,推行电子政务和无纸化。近年来,随着移动互联网技术的普及和新媒体平台的涌现,官方舆论场在互联网上进一步扩张,与民间舆论传播渠道重叠,为官方与民间舆论互动提供了基础。

二、官方舆论场的信息发布总量小、密度高,民间舆论场的信息总量大、分散化

无论是政府新闻发布会、传统主流媒体,还是政务新媒体、新型主流媒体,官方舆论场在新旧各种渠道所发布的信息总量均不及民间舆论场。然而,由于官方舆论场的参与主体数量有限,拥有强大的原创内容生产能力和丰富的运营经验,使得官方舆论场有限的信息发布量能够高度集中,形成具有凝聚力的官方舆论。反观民间舆论场,尽管无数个人在自媒体和线下制造了大量的舆论内容,但由于零散分布且高度碎片化,较难达成有影响力的舆论共识。

三、民间舆论场的信息传播时效性高于官方舆论场

从信息传播的时效性来看,民间舆论场对于突发公共事件信息的发布速度、频率均明显高于官方舆论场。以此次"8·12天津港爆炸事故"为例,反应最为迅速的官方微博"平安天津"于事发后凌晨2:44发布首条微博,而民间舆论场此时已产生了数以千计的自媒体舆论。究其原因,主要是因为官方舆论场中的信息传播模式是自顶向下的,具有专业质量保障的。

第三节　舆论传播形式比较

通过对微博类型与配图情况进行交叉分析,发现政务微博、主流媒体微博和自媒体微博在是否配图和图片类型的选择方面均存在显著差异($\chi^2 = 365.703, p < 0.001; \chi^2 = 79.390, p < 0.001$)。相比之下,政务微博

在发布突发公共事件相关微博时，使用图片的比例最高，达到 83.1%；其次为主流媒体微博，相关微博的配图比例达到 64.3%；自媒体微博在发布突发公共事件信息时较少使用图片，仅占 29.1%。在图片类型的选择方面，摄影照片是最常用的图片类型，被政务微博、主流媒体微博和自媒体微博在突发公共事件信息传播中广泛使用，分别占比 95.3%、76.9% 和 52.6%；其次，由于微博平台的字数限制，截图也是一种常用的图片类型，以扩充单条微博的信息量（见表 12—2 和表 12—3）。

表 12—2　　　　政务微博、主流媒体微博、自媒体微博是否包含图片

微博类型 / 是否包含图片	政务微博	主流媒体微博	自媒体微博
是	83.1%	64.3%	29.1%
否	16.9%	35.7%	70.9%
合计	100.0%	100.0%	100.0%

表 12—3　　　　政务微博、主流媒体微博、自媒体微博所包含的图片类型

微博类型 / 图片类型	政务微博	主流媒体微博	自媒体微博
摄影照片	95.3%	76.9%	52.6%
数据型图表	0.0%	2.8%	0.0%
动态图片	0.0%	0.9%	0.3%
截图	26.6%	27.8%	42.6%
其他	1.6%	8.3%	11.3%

通过对微博类型与视频、标签、长微博的使用情况进行交叉分析，发现政务微博、主流媒体微博和自媒体微博在视频、标签和长微博的使用情况上均存在显著差异（$\chi^2 = 9.184, p < 0.05$；$\chi^2 = 49.286, p < 0.001$；$\chi^2 = 9.992, p < 0.01$）。相比之下，政府和主流媒体的微博使用视频、标签和长微博的比例高于自媒体微博。上述多媒体资源的共同特征是能够有效拓

展单条微博所包含的信息量,更加全面、生动、有组织地将突发公共事件的信息呈现在受众面前,因此官方舆论场在信息的呈现形式和组织能力方面强于民间舆论场(见表12—4)。

表12—4 政务微博、主流媒体微博、自媒体微博
是否包含视频、话题标签、长微博

微博类型　　　　是否包含视频	政务微博	主流媒体微博	自媒体微博
是	5.2%	3.5%	1.3%
否	94.8%	96.5%	98.7%
合计	100.0%	100.0%	100.0%
微博类型　　　　是否包含标签	政务微博	主流媒体微博	自媒体微博
是	84.4%	86.0%	62.0%
否	15.6%	14.0%	38.0%
合计	100.0%	100.0%	100.0%
微博类型　　　　是否为长微博	政务微博	主流媒体微博	自媒体微博
是	3.9%	0.6%	0.6%
否	96.1%	99.4%	99.4%
合计	100.0%	100.0%	100.0%

通过对微博类型与地理位置信息、超链接和移动客户端的使用情况进行交叉分析,发现政务微博、主流媒体微博和自媒体微博在上述三者的使用情况上均存在显著差异($\chi^2=15.502$,p<0.001;$\chi^2=15.002$,p<0.001;$\chi^2=494.872$,p<0.01)。相比之下,自媒体微博使用地理位置信息、超链接和移动客户端的比例高于政府和主流媒体的微博,说明民间舆论场在进行突发公共事件信息传播方面更加注重快捷、方便的特征(见表12—5)。

表 12－5　　　　政务微博、主流媒体微博、自媒体微博是否
包含地理位置信息、超链接和移动客户端

微博类型 是否包含LBS	政务微博	主流媒体微博	自媒体微博
是	0	0	6.0%
否	100.0%	100.0%	94.0%
合计	100.0%	100.0%	100.0%
微博类型 是否包含超链接	政务微博	主流媒体微博	自媒体微博
是	5.2%	8.2%	16.9%
否	94.8%	91.8%	83.1%
合计	100.0%	100.0%	100.0%
微博类型 是否为移动 客户端	政务微博	人民日报微博	自媒体微博
是	92.2%	100.0%	78.3%
否	7.8%	0.0%	21.7%
合计	100.0%	100.0%	100.0%

　　基于上述分析，可以总结出官方与民间舆论场在传播形式上的共性
特征是：利用互联网技术和多媒体资源使信息呈现丰富化。随着两个舆
论场都在新媒体平台上如火如荼地发展起来，政府、主流媒体和自媒体在
突发公共事件信息传播形式方面表现出以下共性特征：除了利用文字的
形式发布信息，还充分利用了互联网平台的多媒体资源和技术，综合应用
了图片、表情、视频、超链接和地理信息等多种多媒体资源，以实现最大限
度地传递突发公共事件相关信息。同时，官方与民间舆论场在传播形式
上各自具有特性，可概括为：官方舆论场更加注重信息发布的规范性，民

间舆论场信息碎片化的特征明显。政府信息、主流媒体等官方主体在对突发公共事件进行信息传播时,无论是从文字篇幅、配图数量、内容质量等方面都具有专业性优势,相比之下自媒体在发布相关信息时,通常以短小的文字信息为主,大量通过移动端以快速、便捷进行表达,尽管被称为"自媒体"或"公民记者",但仍不具备专业媒体和从业者的媒介素养及业务能力。

第四节 舆论传播内容比较

一、信源:官方舆论信源以政府为主,民间舆论信源普遍缺失,且以非官方信源为主

通过对微博类型与信源进行交叉分析,发现政务微博、主流媒体微博和自媒体微博在信源的选择上均存在显著差异($\chi^2 = 68.666$,$p < 0.001$)。官方舆论场中,政府和主流媒体发布的突发公共事件相关信息,大多依据清晰、可靠的信源,其中87.0%的政务微博提及消息来源,80.7%的主流媒体微博提及消息来源,而自媒体所发布的微博大多未提及消息源(见表12—6所示)。

表 12—6　　　　政务微博、主流媒体微博、自媒体微博是否提及信源

是否提及消息源 ＼ 微博类型	政务微博	主流媒体微博	自媒体微博
有	87.0%	80.7%	9.0%
无	13.0%	19.3%	91.0%
合计	100.0%	100.0%	100.0%

通过对提及消息源的微博进行信源类型分析,发现政务微博、主流媒体微博和自媒体微博在信源类型上的分布也均存在显著差异($\chi^2 = 321.$

565，p＜0.001）。官方舆论场中，政务微博主要以政府作为信息来源，占比 86.6%，其次是对当地民众的采访，占比 13.4%；主流媒体微博主要以政府和新闻媒体作为信息来源，分别占比 60.1% 和 37.7%；民间舆论场中的自媒体微博则主要以网络信息作为消息来源，占比 38.9%，其次为专家学者，占比 35.1%（见表 12－7）。

表 12－7　　　　政务微博、主流媒体微博、自媒体微博的信源类型分布

信源类型＼微博类型	政务微博	主流媒体微博	自媒体微博
政府	86.6%	60.1%	9.2%
专家学者	3.0%	5.1%	35.1%
新闻媒体	0.0%	37.7%	4.6%
企业	1.5%	2.9%	2.3%
当地民众	13.4%	2.9%	10.7%
互联网	1.5%	7.2%	38.9%

综上可以发现，官方舆论场关于突发公共事件的信息发布与新闻报道主要以政府为信息来源，依托于政府公信力来保证信息发布的权威性，而民间舆论场关于突发公共事件的讨论则大多未注明信息来源，少数提及信源的舆论则主要来自互联网等非官方信源。

二、议题：官方和民间舆论场的议题分布具有一定的一致性，危机应对类与人文关怀类议题的比例普遍较高，然而在归因问责类和反思启示类议题的分布上则出现错位现象

通过对微博类型与议题类型进行交叉分析，发现政务微博、主流媒体微博和自媒体微博在议题分布上均存在显著差异（$\chi^2＝114.063$，p＜0.001）。相比之下，政务微博关于突发公共事件的微博以危机应对类议题为主，占比 68.8%，其次为人文关怀类议题，占比 26.0%；主流媒体关于突发公共事件的微博中，事故信息类议题比例最高，达到 42.1%，危机应对类议题紧随其后，占比36.8％，人文关怀类议题的比例也较高，为12.3％；自媒体关于突发公共事件的微博则以人文关怀类和危机应对类议题为主，分别占比32.5％和29.0％，归因问责类和反思启示类的议题讨论比例远远高于官方舆论场，分别占比19.3％和12.0％（见表12－8）。

表12－8　　　　政务微博、主流媒体微博、自媒体微博的主题分布

微博类型 / 报道主题	政务微博	主流媒体微博	自媒体微博
事故信息类	0.0％	42.1％	7.2％
危机应对类	68.8％	36.8％	29.0％
归因问责类	1.3％	4.7％	19.3％
人文关怀类	26.0％	12.3％	32.5％
反思启示类	3.9％	4.7％	12.0％
合计	100.0％	100.6％	100.0％

我们进一步深入各个议题内部，对政务微博、主流媒体微博、自媒体微博在事故影响、危机应对措施、归因问责方面的信息传播情况进行分析。在事故影响方面，不同类型的微博在对事故影响的关注焦点上存在共性（$\chi^2 = 5.109$，$p > 0.05$），无论是在官方还是民间舆论场，提及最多的事故影响是人员伤亡，其次为环境污染，对于经济损失和社会稳定方面的影响较少涉及。在危机应对方面，不同类型的微博对于危机应对的关注度存在显著差异（$\chi^2 = 34.190$，$p < 0.001$），其中政务微博对危机应对最为关注，其次为主流媒体，自媒体的相关讨论比例最低，整体而言，官方舆论场对危机应对议题的讨论明显多于民间舆论场。在具体危机应对措施的信息传播方面，一线的抢险救援工作吸引了官方和民间舆论场的共同关注，主流媒体对医疗救治信息的关注比例较高，政府和自媒体则更关注事后的安置保障工作。在责任议题方面，涉及实质性问责的自媒体微博占比12.0％，显著高于政务微博（0.0％）和主流媒体微博（5.8％）（$\chi^2 = 10.237$，$p < 0.05$），体现出民间舆论场对于突发公共事件责任议题的关注。

三、框架：官方与民间舆论场所采用的新闻通用框架有所重叠，但在责任框架上存在明显差异

通过对微博类型与新闻通用框架进行交叉分析，发现政务微博、主流媒体微博和自媒体微博所采用的新闻通用框架存在显著差异（$\chi^2 = 114.063$，$p < 0.001$）。具体而言，官方舆论场中政务微博与主流媒体微博使用事实框架的比例达到 100.0%，就政务微博而言，其次为人情味框架，再次为后果框架；就主流媒体微博而言，其次为后果框架，再次为人情味框架；民间舆论场中的自媒体微博使用人情味框架的比例最高，其次为责任框架，大大超过官方舆论场，再次为后果框架。综上可见，官方舆论强调事实框架、人情味框架、后果框架，民间舆论强调人情味框架、责任框架、后果框架，两个舆论场在新闻通用框架的使用上有一定重叠，但在责任框架的应用方面存在巨大差异（见表 12－9）。

表 12－9　政务微博、主流媒体微博、自媒体微博的新闻通用框架分布

新闻通用框架 ＼ 微博类型	政务微博	主流媒体微博	自媒体微博
事实框架	100.0%	100.0%	20.1%
冲突框架	0.0%	1.8%	0.5%
人情味框架	50.6%	24.6%	76.9%
责任框架	9.1%	17.0%	35.8%
道德框架	11.7%	1.8%	4.6%
后果框架	35.1%	59.1%	30.2%
领导力框架	3.9%	8.2%	2.1%

通过对微博类型与风险议题框架进行交叉分析，发现政务微博、主流媒体微博和自媒体微博所采用的风险议题框架存在显著差异（$\chi^2 = 256.470$，$p < 0.001$）。相比之下，政务微博常用风险调控框架，主流媒体微博

常用风险事实框架,而自媒体微博在风险反思框架上的使用比列高于其他两类官方微博(见表 12—10)。

表 12—10　政务微博、主流媒体微博、自媒体微博的风险框架分布

微博类型 风险框架	政务微博	主流媒体微博	自媒体微博
风险事实框架	53.9%	79.6%	46.3%
风险调控框架	90.8%	62.3%	36.2%
风险反思框架	6.6%	9.0%	21.0%

四、情感:官方舆论在中立的基础上传递正能量,民间舆论场负面情绪较高

通过对微博类型与情感倾向性进行交叉分析,发现政务微博、主流媒体微博和自媒体微博在情感倾向性上存在显著差异($\chi^2 = 88.059$, $p < 0.001$)。相比之下,官方舆论场关于突发公共事件信息的传播秉承中立原则,无论是政务微博还是主流媒体微博所发布的相关信息中,无明显情感倾向性的中性信息占比最高,分别为 49.4% 和 85.4%。民间舆论场则表现出明显的情绪化特征,负面倾向的微博消息比例最高(38.6%)。在官方舆论场内部,政府与主流媒体由于自身不同的定位与功能,在情感倾向性的分布上也存在差异,政务微博更偏向于正面宣传,而主流媒体微博则严格遵循事实框架,中性报道占绝大多数(见表 12—11)。

表 12—11　政务微博、主流媒体微博、自媒体微博的情感倾向性分布

微博类型 情感倾向性	政务微博	人民日报微博	自媒体微博
正面	37.7%	7.0%	26.5%
中性	49.4%	85.4%	34.9%
负面	13.0%	7.6%	38.6%

续表

微博类型 情感倾向性	政务微博	人民日报微博	自媒体微博
合计	100.1%	100.0%	100.0%

第五节　舆论传播效果比较

　　我们选择微博平台来横向比较官方和民间舆论场对于同一起突发公共事件的传播效果，即比较政务微博"平安天津"、主流媒体微博"人民日报"以及普通微博用户在事发后一个月内所发相关微博的转发数、评论数、点赞数均值。由表 12－12 可知，政府、主流媒体和普通网民所发的单条微博平均转发数、评论数、点赞数均存在显著差异，其中"人民日报"单条微博平均转发数是"平安天津"单条微博平均转发数的十六倍，"平安天津"单条微博平均转发数是自媒体单条微博平均转发数的十倍，三者之间存在数量上的差距。

　　从传播效果来看，以《人民日报》为代表的主流媒体在官方舆论场中比政府具有更强大的影响力，究其原因，可以从以下三个方面寻找答案。第一，主流媒体作为党和人民的媒体，所发布的内容反映了社会主流价值观念，是社会舆论集中的体现。《人民日报》作为中央级的党报，更加注重从全局性视角对突发公共事件信息进行报道，在信息、议题与框架的选择上强调自身的权威性、主导性和深刻性，注重正面引导。第二，主流媒体发端于报纸等传统媒体，不仅在严格性、专业性和内容生产能力方面都优于政府与自媒体，而且拥有长期积累的口碑与公信力，遇到突发性的危机事件和紧急状态，更容易成为公众的首选信源。第三，在突发公共事件的舆论场中，主流媒体始终保持了较强的议程设置能力。例如在"8·12天津港爆炸事故"中，尽管最初是普通网民在新浪微博平台发布了第一手信息，并形成较为一致的舆论引发社会关注。但从次日凌晨开始，主流媒体就迅速启动了紧急状态下的信息发布功能，通过手机端发布信息，并通过随后的事件信息确认、发展、定性、问责、关怀与反思等一系列后续报道确立了自身在突发公共事件议程设置中的主导地位。

表 12－12　政务、主流媒体、自媒体微博的转发数、评论数、点赞数均值检验

	转发数		评论数		点赞数	
	均值	F 值	均值	F 值	均值	F 值
平安天津微博	1064.3		356.6		356.6	
人民日报微博	17416.9	41.310***	2683.7	22.629***	5103.9	8.015***
自媒体微博	104.6		122.65		637.1	

（注：* p＜0.05，** p＜0.001，*** p＜0.001）

尽管在整体上，官方舆论场的影响力远大于民间舆论场，然而民间舆论场中舆论主体的影响力分布不均，存在长尾效应，民间意见领袖的影响力不容小觑。前文中对微博加 V 用户与普通用户的关注数、粉丝数、微博数以及转发数、评论数、点赞数进行均值比较和频率分布分析，可以发现无论是从影响力、活跃度还是传播效果的角度，自媒体中的意见领袖都占据了数倍于自身规模的巨大资源和话语权，在各项指标上都接近政务微博。

第四部分

治理篇

第十三章　社会舆论引导机制的构建

何谓机制？郑杭生和李强（1993）[①]认为"机制"一词对应着三种内涵，其一是"事物各组成要素的相互联系"，这时机制是一种结构；其二是"事物在有规律性的运动中发挥的作用与效应"，这时机制是一种功能；其三是"发挥功能的作用过程和作用原理"，这时机制是一种系统。综合来看，机制就是一种"带有规律性的模式"。在突发公共事件的语境中，舆论引导机制不同于简单的路径、方式和策略，而是具有特定预期目标（帮助官方舆论场有效对民间舆论场进行舆论引导）、可拆解为一系列相互关联并相互作用的要素、程序化和制度化的有机运行模式或系统。

从系统论的角度来看，舆论引导是一个牵涉多个主体、多个环节的全局化复杂系统，因此许多学者提出了一系列环环相扣的舆论引导机制。丁柏铨（2009）[②]指出舆论引导主体包括"领导者及管理者、大众传媒及其从业者、有关社会组织与团体，民间意见领袖等"。例如，唐春林（2007）提出要构建网络舆论快速发现机制和快速反应机制。张静（2010）提出要构建突发公共事件新闻发布机制、互联网舆情监测与分析机制、中外记者采访管理机制、信息上报和舆情研判机制、互联网信息安全管理机制以及负面报道的妥善处理机制。喻发胜和赵振宇（2010）提出要建立舆情监测机制和预警机制、事件处置与舆论引导联动机制、舆情问责机制。曾婕等人（2010）指出广电系统面对突发公共事件应构建危机预警机制、风险沟通机制、社会动员机制、心理干预机制。彭祝斌和邓崛峰（2010）认为要建立

[①]　郑杭生，李强. 社会运行导论：有中国特色的社会学基本理论的一种探索[M]. 北京：中国人民大学出版社，1993.

[②]　丁柏铨. 新形势下提高舆论引导能力研究论纲[J]. 当代传播，2009(3)：4—8.

健全舆论综合引导机制、全程引导机制、长效引导机制。袁丽娜（2014）提出大数据时代大众传媒在进行舆论引导时，需要培育多层次、多平台的舆论引导主体，合理进行议程设置、发挥舆论引导的整合力量，健全舆论引导机制，建立预警和快速反应机制。另有不少学者从法律规制的角度出发，认为应当建立和完善相关法律、法规、政策和行业规范，为舆论引导提供良好的政策环境、法律环境和社会环境。例如，完善互联网管理条例（郭乐天，2005）、出台网络舆情安全保护法（曾润喜，2009）、建立互联网信息安全管理机制（张静，2010）、建立健全以法律规制为基础的长效引导机制（彭祝斌、邓崛峰，2010）、建立以网络道德规范为主的自律规范体系（黄爱斌，2011）和完善行业自律机制并借助立法监管（周笑，2012）。

第一节　预警机制：机器与人工相结合的"监测—分析—预警"循环系统

突发公共事件舆论引导的前提是发现事件发生、掌握事件进展，才有可能进行危机应对，为此突发公共事件舆论预警机制必不可少。从时间维度来看，突发公共事件的舆论预警机制需要考虑从短期、中期、长期构建，具有全局化特点。从所需要的知识结构来看，突发公共事件的舆论预警机制构建需要依托于系统科学、信息科学、人文社会科学等多学科领域的专业知识与人才，具有明显的跨学科性。从流程上看，突发公共事件的舆论预警机制包括舆论监测、舆论分析、舆论预警三个模块。

首先，突发公共事件舆论监测系统是预警机制的起点，可看作是整体系统的"神经末梢"。一个全面、准确的监测系统是舆论预警机制的正确运转的第一步。在操作手段上，突发公共事件的舆论监测既包括人工监测，又包括大数据挖掘技术、气象卫星、遥感技术等机器监测，两者共同为突发公共事件相关舆论监测提供了智力支持和技术支持。从参测对象上，突发公共事件的舆论监测既包括对于事件本身的监测，如地震、海啸等自然灾害类事故，又包括对事件引发的舆论进行监测，例如对于自媒体平台的网民声音进行监测。

接着,突发公共事件舆论分析系统是在监测结果的基础上,对所搜集到的信息进行分析研判,考虑未来可能发生的危机事件及其影响力大小,确定突发公共事件的级别。从实施主体来看,突发公共事件舆论分析系统可以由政府自建,也可以联合第三方机构共建,向专业的市场或高校研究机构购买服务。既可以享有其在研究基础、技术手段和历史经验方面的优势,又可以依靠其独立性和利益无关性,赢得社会公众的信任。

最后,突发公共事件预警系统基于分析系统的分析结果,由政府进行决策——是通过各种信息发布渠道向社会公众预警,提醒其提前防范风险,还是在私下消除风险——以免引发社会恐慌情绪和运转秩序失控。根据不同的决策,突发公共事件预警机制随即启动了又一轮的监测和分析,如此循环往复,以保证社会长期正常运转。

目前,我国突发公共事件舆论预警机制建设仍存在许多问题,主要包括:舆论监控预警机构不够健全、过分依靠政府力量、责任机制不够健全、数据库与信息系统不够健全和法治化程度较低等问题。因此必须尽早建立在各部门、各地区的统一标准,制定规范,建立起突发公共事件监测—分析—预警循环系统,实现舆论信息共享、知识共通,为舆论引导打好基础。

第二节　调控机制:官方主导式的舆论疏导与适度干预

在突发公共事件后,政府和主流媒体作为官方舆论场的参与主体,应当在第一时间介入,从信息发布、议程设置、价值输出三个角度对民间舆论场进行调控和干预。

首先,要建立健全突发公共事件信息发布机制。突发公共事件在发生初期,民间舆论场的热门议题往往是呼吁披露事实真相,表达对于知情权的诉求。此时,政府和主流媒体应当及时发布所掌握的信息,并主动介入民间舆论场了解民意,及时回应公众关注的敏感问题,确保社会公众获取权威、真实、全面的信息。同时，政府和主流媒体还需要注意配合，加强协调，把控信息资源和话语权，信息发布既不能缺，也不能滥，而是应当结合实际情况调整尺度。

其次，要在信息发布过程中有意识地进行议程设置，对民间舆论加以引导。为了减少被动回应的情况，官方舆论场应当事先主动了解社会公众的心理，对其关心和热议的问题有所准备，在事发后的信息发布过程中注意主动设置议题，主导民间舆论场的走向。

最后，官方舆论场在进行舆论调控和引导的过程中，要注意正面导向和主流价值观念的输出。应当利用自己主流和权威的地位，向社会公众传输积极向上的价值观念，为突发公共事件的解决营造良好的舆论氛围。

第三节　互动机制：基于多方对话的官方与民间参与主体互动

根据哈贝马斯的交往行为理论，社会行为中的交往行为是"两个或两个以上的具有语言能力和行为能力的主体之间通过语言媒介所达到的相互理解和协调一致的行为"（马丽、陈玉林，2009）[①]，该定义揭示了社会公众有可能依靠理性的力量，通过对话等语言交往的形式实现有效沟通，最终达成共识。

在突发公共事件情境下，原有的社会沟通与互动机制受到破坏，导致社会矛盾爆发，社会价值观念受到冲击。根据交往行为理论，此时若想修复失序的社会秩序，离不开相关参与主体的对话与互动，包括政府与媒体、政府与公众、媒体与公众以及社会公众内部人与人之间的对话与互动。此处的对话与互动，实质上是针对突发公共事件的信息披露与讨论，政府与主流媒体等官方舆论场的主体不仅需要注重信息发布的真实性、及时性、全面性，还要注意收集民间舆论场的反馈信息，并建设能够官民互动的平台，真

---

① 马丽，陈玉林. 解读哈贝马斯的交往行为理论[J]. 理论界，2009(2)：114－115.

正实现双向乃至多向互动。目前,政府和主流媒体都格外强调"两微一端"建设,利用新媒体平台与网民实现双向互动,取得了一定的舆论引导效果。在实践中,官方舆论场仍需要进一步拓展媒介平台,最大限度地与民间舆论场的媒介平台重叠和融合,同时在政策、人员、操作层面将新媒体平台的官方信息发布与舆论引导工作常态化、规范化、专业化。

综上,面对突发公共事件,需要建立基于多方对话的互动机制,通过增加政府、主流媒体与社会公众的良性互动与沟通,努力还原事实真相,消除信息壁垒,增强彼此之间的理解,最终达成共识,获得舆论引导工作的预期效果。

第四节　长效修复机制:社会信任重构与媒介素养提升

长效修复首先要重构社会信任,重塑舆论引导主体形象。突发公共事件的发生往往伴随着社会秩序被破坏和社会公众正常生活被影响,在失序震荡的特殊时空环境中,人们的思想价值观念比平时更容易受到冲击和伤害。此时政府或主流媒体若是不顾方式、方法地对民间舆论场进行强制干预,极容易导致官方公信力受到质疑和伤害,陷入"塔西佗陷阱"并越陷越深,还可能进一步引发负面次生舆论,与初衷和预期效果相背离。在此情况下,舆论引导工作不能局限于眼前的困境,而是需要跳脱出具体的突发公共事件情境,从全局上、整体上重构社会信任机制,修复受损的社会心态,帮助公众提高社会安全感、公平感、和谐感等,重拾对于政府和主流媒体的信心,重新树立起官方舆论场的公信力。

信任是人类社会的重要资源和整合力量。当今社会,高速的经济发展和城市化进程将"熟人社会"迅速推入"生人社会",传统社会的信任基础受到冲击,而新的信任体系尚未健全。相关研究者指出,处于社会转型期的中国社会,面临从全权制国家转向市场型国家、从计划经济转向市场经济、从传统农业社会转向现代化工业社会的多重新旧秩序交替的冲击,社会矛盾和社会冲突加剧,人与人之间的信任感单薄,出现了严重的信任危机(郑也夫,2002[①];张维迎,2003[②])。在社会转型的背景下,我国的媒介也在转型。互联网深刻融入了人们的日常生活,不仅普及率逐年扩大,使用广度和深度也在不断提升,尤其是其作为一种新兴媒介,已成为人们重要的新闻来源和信息获取渠道。面对互联网上的海量信息,人们根据自身的历史交互经验不断进行着过滤、筛选和价值判断,在此过程中虚拟网络社会的信任机制逐渐建立起来,但仍不够牢固。根据CNNIC(2015)调查数据,2014年有54.5%的网民对互联网上的信息表示信任,尽管相比2007年的35.1%已有较大幅度的提高,但相对于传统媒体的信任度而言仍存在较大差距。互联网可信度体现了人们对于虚拟网络世界的信任状况,属于媒介可信度,是构成现代社会信任体系的重要组成部分。全面、深入地了解互联网可信度有助于建立积极健康的虚拟网络信任机制,并解决中国社会面临的普遍信任危机。

　　基于全国性调查数据,我们发现当前互联网面临信任危机,具体表现为以下三个方面:一是更多的受访者选择信任传统媒介而非网络媒介;二是网络信源可信度明显低于政府、传统媒体等权威信源;三是对于网络上传播的与传统媒体报道不同的信息,人们的信任度很低。对此,我们回归到互联网本身特征,从以下四个方面归纳其可信度不高的原因:(1)从信源的角度而言,网络信息发布门槛低,信息来源复杂,互联网的开放式传播格局反而成为制约其可信度的不利因素。(2)从信息传播速度的角度而言,尽管虚假新闻在各类媒介平台上都可能存在,但互联网为虚假信息提供了更为便捷、快速的传播渠道,因此成为谣言、假新闻的重灾区。(3)从内容生产的角度而言,"把关人"机制减弱,从而使网络信息内容的权威性和真实性面临风险。(4)与传统媒体不同,互联网是一个高度商业化的市场,部分网络平台由于资本的逐利属性,在追寻经济效益和社会效益时容易失衡,导致信息的真实性让位于时效性、娱乐性,过度迎合网民需求。

　　在互联网这个整体性概念下,我们进一步对比了不同网络渠道的可

---

　　①　郑也夫.中国的信任危机[J].新闻周刊,2002(20):70—71.

　　②　张维迎.信息,信任和法律[M].北京:生活·读书·新知三联书店,2006.

信度,发现商业门户网站受信任比例最高,传统媒体官方网站次之,而自媒体平台的受信任比例最低。我们认为,这种互联网内部的差序信任格局,一方面折射出政府和资本之间的博弈,另一方面也反映出不同网络渠道所依托的技术特征与运营模式差异对其公信力的影响。首先,该结果揭示了官方媒体在网络上失去了权威、可信的传统优势,在可信度方面让位于综合性的商业门户网站,折射出政府与资本的博弈关系。对比国内外的其他研究,我们发现该结论与喻国明等人(2003)所做的全国性调查结果一致,即在网络媒体的相对公信力比较中,新浪网和搜狐网分别以38.46%和23.03%位列第一、第二位,高于人民网和新华网;却与国外类似研究结论相反,以美国为例,CNN、《纽约时报》《华尔街日报》等传统媒体所建的网站可信度一般较高(刘学义,2010)。这种国内外研究结论的差异性,究其原因来自我国特殊的媒介生态环境。在现阶段,我国传统媒体所承担的社会责任通常与政治功能挂钩,其下属的新闻网站也相应地更加强调社会责任意识(钟瑛,2014)。与之相比,商业门户网站本身尽管不具有采编资质和强大的原创内容生产能力,但胜在海纳百川的聚合效应和相对灵活的编辑制度,能够及时、便捷地为公众提供丰富、多元的信息。此时,无法从官方渠道获取信息的网民,自然地转投商业门户网站,为其带来流量、营收和利润,从而进一步增强了商业门户网站的实力,使其在与政府新闻监管的博弈中占据上风。第二,以微博、微信为代表的自媒体平台面临着更加严重的信任危机,体现出技术特征与运营模式对于媒介公信力的影响。自媒体平台依托 Web2.0 技术,海量、实时且几乎不加筛选地呈现了来自广大网民的信息,但也由于缺乏"把关人"机制,导致人们在"人人都有麦克风"的时代迷失于海量信息中。其中,微博作为自媒体平台的典型代表,使话语权最大程度地回归于广大公众,且扮演着曝光平台和舆论监督的重要角色,但在众声喧哗之中,也容易造成信息失真、失衡乃至于失信。即使是基于熟人关系建立起的微信朋友圈,也难逃"知识与谣言齐飞""诈骗虚假信息横行"的尴尬现况(王雪彦,2015)。

　　长效修复机制的另一重要维度是提升媒介素养,即要全面提升公众、媒体、政府的媒介素养。根据定义，媒介素养是人们面对媒介呈现的各种信息时，选择（choose）、理解（understand）、质疑（question）、评估（evaluate）、创造与生产（create and produce）以及理性回应（respond thoughtfully）等一系列能力（美国媒介素养研究中心，1992）。在突发公共事件情境下，民间舆论场往往呈现出鱼龙混杂、众声喧哗的场景，尤其是在自媒体平台上更加容易出现"多数的暴政"和种种群体极化现象。为了避免这种情况的发生，提升社会公众的媒介素养是进行舆论引导的重要途径。首先，要培养社会公众甄别信息真假的判断能力，使其能够在纷繁复杂的海量信息中过滤掉虚假新闻、小道消息和谣言，筛选出高质量、真实可靠的信息。其次，要培养公民的专业主义精神，在用户原创内容盛行的今天，越来越多的普通人有机会和动力去生产新闻，因此有必要对这些自媒体进行新闻职业道德、行业规范以及业务水平方面的培养。最后，要培养社会公众的批判性思维能力，面对一些是非观念模糊、情绪化倾向严重、偏离主流意识形态、有极端倾向的可疑信息，要保持清醒的头脑和独立思考能力，理性地判断是否应该相信、接受与传播该信息。同时，政府也应当进一步完善新闻发布机制和新闻发言人制度，并保证各种新兴的政府新闻发布流程规范化、常态化、专业化。主流媒体应当坚守新闻专业主义精神，以严谨、负责、自律的态度，真实、全面、客观地呈现突发公共事件的方方面面。

第十四章　社会舆论引导策略分析

舆论引导策略实质上是舆论引导机制的现实应用部分,部分研究将舆论引导机制流程化,形成程序化、策略化的指导原则和意见,以便为政府和媒体的舆论引导工作提供行动指南。例如,邹建华(2009)提出政府危机公关的七大基本原则:第一时间原则、公开透明原则、第三方原则、坦诚原则、情感原则、口径一致原则及留有余地原则。喻发胜和赵振宇(2010)提出突发公共事件舆论引导的"快报事实、慎报原因"和"快讲话、讲真话、会讲话"原则。张立刚(2011)提出政府部门舆论引导工作应遵循公开真实原则、时效原则、疏导原则。黄立新(2012)认为网络舆论引导必须遵循柔性管理原则、第一时间原则、主流引导原则和疏堵结合原则。沈国麟(2007)将美国政府的危机宣传策略概括为:主动沟通、及时沟通、承担责任、采取行动、转移注意力及向媒体施加压力。侯东阳(2010)引入政府、大众媒介、意见领袖等主体,将舆论引导程序化,分为宣传部门为舆论导向把关、政府发言人为媒介设置议程、利用大众媒介为公众设置议程和借助意见领袖在公众中获得支持等方法。王国华等人(2013)[①]针对不同类型的舆情提出不同的引导与管理方式,例如对强型舆情采取及时应对、表明立场和态度的应对策略,对波动型舆情应采取"溯源式"和"重塑式"的应对策略。近年来,不少学者提出了大数据时代的舆论引导策略(姜飞、黄廓,2013;尹亚辉,2013;李希光,2014)。

---

   ① 王国华,冯伟,王雅蕾.基于网络舆情分类的舆情应对研究[J].情报杂志,2013,32(5):1—4.

第一节　发展政府新媒体矩阵，实现多政府部门联动

政府通过构建政务新媒体矩阵发布突发公共事件相关信息，越过媒体的二次加工直接与受众对接，缩短了信息传播链的长度，保证了重要信息的真实、无损、全面，积累了正面影响力与口碑。根据人民日报发布的"2015年第三季度政务微博影响力排行榜"①，可以发现相关政务微博对于8·12爆炸事故的信息发布与回应效果表现出以下特征：第一，受"天津港8·12特大爆炸事故"影响，多个天津政务微博进入"2015年第三季度政务微博影响力总榜"TOP100。对比以往发布的政务指数报告，可以看到@平安天津（13）和@天津交警（15）首次进入总榜前二十，@天津发布（24）、@滨海发布（44）和@天津消防（69）等多个天津政务微博进入全国百强榜，这与2015年8月天津港爆炸案中天津政务微博的集体高频发微博有重要关系，一定程度上体现了天津地区政务微博的应急管理与危机应对能力（见表14-1）。第二，在分榜单方面，@天津发布入选全国十大党政新闻发布微博（第七位），@平安天津、@天津交警入选全国十大公安系统微博（第七、第八位），@天津消防入选全国十大飞跃微博。其中，@天津发布所属的党政新闻发布类微博的发展起步较早，以信息发布、宣传塑造政府形象为主要职能，是政务微博中运营得较为成熟的典范。@平安天津、@天津交警所属的公安机构微博在微博数量和总体得分方面，都位于政务微博的前列，以2015年第二季度为例，公安类微博在政务微博总榜TOP100占到了37个（见图14-1）。第三，还有一些未进入榜单但在短期内产生了巨大舆论影响力的政务微博。例如，@天津港公安局跃进路派出所，是距离事发地点最近的天津港公安局跃进路派出所运营的政务微博。受爆炸波及，该派出所在事发后只剩残骸，但并未影响其政务微博的运营，其微博账号在事发79小时后首次发声，这条内容为"'在'

---

① 人民网舆情频道.2015年第三季度政务微博影响力排行榜［EB/OL］.2015-10-30.

的能还在吗？'不在'的不能不存在。"的简短微博立刻获得大量转发，在此之后该微博账号多次更新，发布了大量最前线的第一手信息，包括爆炸现场的空气质量、救援情况以及失踪者境况。

表 14—1　　　　　　　　2015 年第三季度政务微博影响力总榜

（节选，来源：人民网舆情监测室）

排名	微博账号	认证信息	传播力	服务力	互动力	总分
13	平安天津	天津市公安局官方微博	87.39	77.09	74.25	80.08
15	天津交警	天津市公安交通管理局官方微博	83.93	98.21	65.07	79.24
24	天津发布	天津市人民政府新闻办公室官方微博	85.95	78.71	67.57	77.15
44	滨海发布	天津市滨海新区政府官方微博	84.23	69.37	63.35	73.71
69	天津消防	天津市消防救援总队官方微博	85.83	42.99	69.33	70.66

2015年政法新媒体排行榜——公安系统 人民网舆情监测室

排名	微博昵称	微信昵称	头条号	活跃度			传播力			互动力			总分
				微博	微信	头条	微博	微信	头条	微博	微信	头条	
1	平安北京	平安北京	平安北京	96.65	65.95	42.72	94.02	76.29	82.18	80.47	64.67	70.00	91.30
2	公安部打四黑除四害	/	/	88.29	/	/	99.84	/	/	97.77	/	/	89.75
3	江宁公安在线	/	/	57.06	/	/	100	/	/	100	/	/	86.92
4	广州公安	平安广州	广州公安	88.47	65.70	27.53	88.43	59.28	72.45	76.62	34.12	58.62	84.91
5	深圳交警	深圳交警权威发布	深圳交警	75.63	45.51	21.26	92.56	75.20	69.27	81.39	51.39	46.13	84.50
6	常州车管所	常州车管所	常州车管所	59.56	77.69	39.58	60.44	96.70	78.63	22.40	82.59	56.37	81.82
7	平安天津	平安天津	平安天津	75.85	77.11	46.37	83.64	80.19	72.74	66.11	58.29	42.76	81.22
8	重庆交巡警	重庆交巡警	重庆交巡警	54.41	79.53	12.50	74.93	98.20	57.32	48.93	90.97	9.17	80.95
9	天津交警	天津交警	天津交警	98.85	69.71	7.17	81.91	89.26	54.57	61.26	66.76	22.05	80.67
10	平安洛阳	平安洛阳	平安洛阳	93.13	60.22	39.92	80.01	75.87	75.19	63.32	55.81	56.85	80.14

资料来源：人民网舆情监测室。

图 14—1　2015 年公安系统政法新媒体排行榜

第二节　推进主流媒体深度融合,打造新型主流媒体

2014 年 4 月,习近平总书记强调,要加快传统媒体和新兴媒体融合发展,充分运用新技术新应用创新媒体传播方式,占领信息传播制高点。党的十八届三中全会提出,要整合新闻媒体资源,推动传统媒体和新兴媒体融合发展(刘奇葆,2014)[①]。2014 年 8 月,中央全面深化改革领导小组第四次会议审议通过《关于推动传统媒体和新兴媒体融合发展的指导意见》,标志着媒体融合已经上升到国家战略决策和行业政策层面。在国家政策推动下,2015 年随即成为媒体融合发展元年,传统媒体为了积极适应移动互联网的发展趋势,纷纷在"两微一端"(微博、微信和客户端)开设账户,向新媒体进军。根据中国社科院新闻与传播研究所发布的 2016 年新媒体蓝皮书《中国新媒体发展报告》显示,截至 2015 年年底,经认证的媒体类微博约为 26 259 个,其中传统媒体微博约为 17 323 个,占比约66%;泛媒体类微信公众号超过 250 万个;主流媒体客户端达 231 个;超过 90% 的传统媒体建立了"两微一端"专业化人才队伍。[②] 在"两微一端"媒体融合建设中,微博仍是传统媒体发力的主战场。在传统媒体微博中,报纸类传统媒体微博共计 3 571 个,约占 21%;电视类传统媒体微博共计7 312 个,约占 42%,具体包括电视频道微博和栏目微博;电台类传统媒体微博共计 3 002 个,约占 17%,具体包括电台微博、频道微博和栏目微博;杂志类传统媒体微博共计 3 359 个,约占 19%;通讯社类传统媒体微博共计 79 个,约占 1%。[③] 在未来,随着移动直播等新兴媒体平台的流行,新型线上主流媒体可能成为主流媒体舆论场的新领域(喻国明,2016)。

---

① 刘奇葆.加快推动传统媒体和新兴媒体融合发展[N].人民日报:2014—4—23.

② 唐绪军.新媒体蓝皮书:中国新媒体发展报告(2016)[M].北京:社会科学文献出版社,2013.

③ 清华大学沈阳教授团队."两微一端"的点与面[EB/OL].中国新闻出版广电网,2015—12—22.http://www.chinaxwcb.com/2015—12/22/content_331398.htm.

第三节　关注民间意见领袖,培养官方意见领袖

意见领袖(opinion leader)的概念最早是由美国传播学者拉扎斯菲尔德和卡茨于20世纪40年代提出,来自两级传播理论(two-step flow hypothesis)。相比于媒体,意见领袖的草根性更加明显,因此面对普通受众在亲和力和认同感方面具有优势,从而收获了大量拥趸。在人人都有麦克风的自媒体平台,大量民间意见领袖的出现在一定程度上打破了政府和主流媒体的话语权垄断,有助于将一盘散沙的民间舆论场推向有序化、阶层化和结构化的方向。然而,民间意见领袖仍然可能存在缺乏理性、公众性甚至违反法律、道德的风险,对其受众产生误导和负面影响。因此,政府和主流媒体在舆论引导时,需要着重从以下几个方面对意见领袖进行管理:一是关注民间舆论场中自媒体意见领袖的影响力和集群效应。在自媒体平台,意见领袖拥有大量的关注者和追随者(follower),其思想与观点可以突破时空限制,在追随者之中广泛传播,具有巨大的影响力。意见领袖还可以通过与关注者、追随者进行互动,产生集群效应。因此官方舆论场在进行舆论引导时,需要关注具有影响力的民间意见领袖,并努力促成正向的集群效应。二是主动引导民间意见领袖参与突发公共事件讨论,并关注其议程设置。民间意见领袖在突发公共事件中,具有引导和控制舆论走向的能力,甚至具有设置和制造舆论议程的能力,因此官方应密切关注民间意见领袖所设置的议程内容、变化和趋势以及背后的动机,鼓励正面以及中性议题,关注负面议题,缓和过激的言论,反对违法违规的言论,提高民间意见领袖的媒介素养与责任意识。三是积极培养官方意见领袖,扩大官方舆论场的影响力,塑造官方参与主体的正面形象。在这个方面,我国一些政务微博已经取得了一定效果,例如以@江宁公安在线、@共青团中央为代表的一批政务微博以接地气的形象和诙谐幽默的风格,赢得了大量年轻网民的喜爱和追随,成为既有影响力又有口碑的官方意见领袖,在多起突发公共事件中发挥着舆论引导作用。

参考文献

［1］Birkland T A. After disaster: Agenda setting, public policy, and focusing events［M］. Georgetown University Press,1997.

［2］Hermann C F. Crises in foreign policy: A simulation analysis［M］. Bobbs－Merrill Company,1969.

［3］Lane R E,Sears D O. Public opinion［M］. Englewood Cliffs,NJ: Prentice－Hall,1964.

［4］O'keefe D J. Persuasion: Theory and research［M］. Sage,2002.

［5］Price, V. Public Opinion［M］,Newbury Park,CA: Sage. 1992.

［6］Rosenthal U,Charles M T,Hart P T. Coping with crises: The management of disasters, riots, and terrorism［M］. Charles C Thomas Pub Ltd,1989.

［7］Ulrich B. Risk society: Towards a new modernity (Vol. 17)［M］. Sage. 1992.

［8］Zhao Y. Media, market, and democracy in China: Between the party line and the bottom line［M］. University of Illinois Press,1998.

［9］Allport F H. Toward a science of public opinion［J］. *Public opinion quarterly*,1937,1(1): 7－23.

［10］Beck U,Zhenglai D,Guolin S. Risk Society and China: A dialogue with Ulrich Beck［J］. *Sociological Studies*,2010,5: 011.

［11］Boin A. The new world of crises and crisis management: Implications for policymaking and research［J］. *Review of Policy research*,2009,26(4): 367－377.

［12］Brady A M. Guiding hand: The role of the CCP Central Propaganda Department in the current era［J］. *Westminster Papers in Communication and Culture*,2006,3(1).

［13］Chang. Compressed modernity and its discontents: South Korean society in transtion［J］. *Economy and society*,1999,28(1): 30－55

[14]Chang. The second modern condition? Compressed modernity as internalized reflexive cosmopolitization[J]. *The British journal of sociology*,2010,61(3):444—464.

[15]Coombs W T,Holladay S J. Further explorations of post—crisis communication:Effects of media and response strategies on perceptions and intentions[J]. *Public Relations Review*,2009,35(1):1—6.

[16]Coombs W T. Attribution theory as a guide for post—crisis communication research[J]. *Public Relations Review*,2007,33(2):135—139.

[17]Coombs W T. Information and compassion in crisis responses:A test of their effects[J]. *Journal of public relations research*,1999,11(2):125—142.

[18]Entman R M. Framing:Toward clarification of a fractured paradigm[J]. *Journal of communication*,1993,43(4):51—58.

[19]Farazmand A. Introduction:Crisis and emergency management[J]. *Public Administration and Public Policy*,2001,93:1—10.

[20]Gunther A. Attitude extremity and trust in media[J]. *Journalism Quarterly*,1988,65(2):279—287.

[21]Hood J. Emerging Risks in the 21st Century:An Agenda for Action[J]. *Risk Management*,2005,7(2):69—70.

[22]Lerbinger O. The Crisis Manager:Facing Risk and Responsibility[J]. *Communication Research Trends*,1997,17:30—30.

[23]Lev Grossman. "You — Yes,You — Are TIME's Person of the Year"[N]. Time. 2006—12—13.

[24]Levine,M. H. 王业立,郭应哲,林佳龙,译. 政治学中争辩的议题[M]. 中国台北:韦伯文化,1999.

[25]Missiroli A. Disasters Past and Present:New Challenges for the EU 1[J]. *European Integration*,2006,28(5):423—436.

[26]Neumann W R,Crigler A N,Just M R. Common knowledge:News and the construction of political meaning[M]. University of Chicago,1992.

[27]Renn O. Risk communication:insights and requirements for designing successful communication programs on health and environmental hazards[J]. *Handbook*

of Risk and Crisis Communication. New York/London:Routledge,2010:80—98.

[28]Rosenthal U,Kouzmin A. Crises and crisis management:Toward comprehensive government decision making[J]. *Journal of PublicAdministration Research and Theory:J—PART*,1997:277—304.

[29]Semetko H A,Valkenburg P M. Framing European politics:A content analysis of press and television news[J]. *Journal of communication*,2000,50(2):93—109.

[30]Shrivastava P,Mitroff I I,Miller D,et al. Understanding industrial crises [1][J]. *Journal of management studies*,1988,25(4):285—303.

[31]Sparks C. Media systems in transition:Poland,Russia,China[J]. Chinese Journal of Communication,2008,1(1):7—24.

[32]Stamm K,Dube R. The relationship of attitudinal components to trust in media[J]. *Communication Research*,1994,21(1):105—123

[33]Tankard J W. The empirical approach to the study of media framing[J]. *Framing public life:Perspectives on media and our understanding of the social world*,2001:95—106.

[34]Thurstone L L. Attitudes can be measured[J]. *American journal of sociology*,1928,33(4):529—554.

[35]Zhang,Kewen & Hao. Television credibility revisited:a longitudinal study. AEJMC conference papers,Washington,D. C. 1995:9—12.

[36]Zhong,K. Crisis management in China. China Security,Winter,2007:90—109. Retrieved from:http://195. 130. 87. 21:8080/dspace/handle/123456789/100

[37]J. Rousseau. 社会契约论[M]. 何兆武,译. 北京:商务印书馆,2003.

[38]Price V. 传播概念:Public opinion[M]. 邵志择,译. 上海:复旦大学出版社,2009.

[39]艾尔·巴比. 社会研究方法(第十一版)[M]. 邱泽奇,译. 北京:华夏出版社,2009.

[40]陈力丹. 舆论学:舆论导向研究[M]. 北京:中国广播电视出版社,1999.

[41]陈月生. 群体性突发事件与舆情[M]. 天津:天津社会科学院出版社,2005.

[42]胡钰. 新闻与舆论[M]. 北京:中国广播电视出版社,2001.

[43]江泽民.在全国宣传思想工作会议上的讲话（一九九四年一月二十四日）[M].北京:人民出版社,1994.

[44]李彪.舆情:山雨欲来——网络热点事件传播的空间结构和时间结构[M].北京:人民日报出版社,2011.

[45]李良荣.新闻学导论（修订版）[M].北京:高等教育出版社,2003.

[46]李普曼.公众舆论:Public opinion[M].上海:上海人民出版社,2002.

[47]李普曼.舆论学[M].北京:华夏出版社,1989.

[48]刘建明.当代新闻学原理[M].北京:清华大学出版社有限公司,2003.

[49]刘建明.基础舆论学[M].北京:中国人民大学出版社,1988.

[50]刘建明.基础舆论学[M].北京:中国人民大学出版社,1988.

[51]刘建明.社会舆论原理[M].北京:华夏出版社,2002.

[52]刘建明.社会舆论原理[M].北京:华夏出版社,2002.

[53]刘建明.基础舆论学[M].北京:中国人民大学出版社,1988.

[54]马克斯·韦伯.儒教与道教[M].王容芬,译.北京:商务印书馆,1995.

[55]马乾乐,程谓.舆论学概论[M].太原:山西人民出版社,1991.

[56]尼克拉斯·卢曼.信任:一个社会复杂性的简化机制[M].瞿铁鹏,李强,译.上海:上海人民出版社,2005.

[57]诺尔—诺依曼.沉默的螺旋:舆论——我们的社会皮肤[M].董璐,译.北京:北京大学出版社,2013.

[58]沙莲香.社会心理学[M].北京:中国人民大学出版社,1987.

[59]沈国麟.控制沟通:美国政府的媒体宣传[M].上海:上海人民出版社,2007.

[60]史蒂文森.认识媒介文化:社会理论与大众传播[M].王文斌,译.北京:商务印书馆,2001.

[61]唐绪军.新媒体蓝皮书:中国新媒体发展报告(2016)[M].北京:社会科学文献出版社,2013.

[62]王国华,曾润喜,方付建.解码网络舆情[M].武汉:华中科技大学出版社,2011.

[63]王名.社会组织与社会治理[M].北京:社会科学文献出版社,2014.

[64]吴宜蓁.危机传播——公共关系与语艺观点的理论与实证[M].苏州:苏州大学出版社,2005.

［65］谢耘耕.中国社会舆情与危机管理报告(2016)［M］.北京:社会科学文献出版社,2016.

［66］徐向红.现代舆论学［M］.北京:中国国际广播出版社,1991.

［67］薛澜,张强,钟开斌.危机管理:转型期中国面临的挑战［M］.北京:清华大学出版社有限公司,2003.

［68］尤尔根·哈贝马斯.公共领域的结构转型［M］.曹卫东等,译.上海:学林出版社,1999.

［69］喻国明,韩运荣.舆论学原理,方法与应用［M］.北京:中国传媒大学出版社,2005.

［70］喻国明,靳一.大众媒介公信力测评研究［M］.北京:人民出版社,2006.

［71］喻国明,刘夏阳.中国民意研究［M］.北京:中国人民大学出版社,1993.

［72］喻国明.传媒影响力:传媒产业本质与竞争优势［M］.南方日报出版社,2003.

［73］喻国明.中国大众媒介的传播效果与公信力研究:Study on communication effects and credibility of Chinese mass media［M］.北京:经济科学出版社,2009.

［74］张春华.网络舆情:社会学的阐释［M］.北京:社会科学文献出版社,2012.

［75］张洪忠.中国传媒公信力调查［M］.南京:南京师范大学出版社,2010.

［76］张维迎.信息,信任与法律［M］.北京:生活·读书·新知三联书店,2006:5.

［77］张学洪.舆论传播学［M］.南京:南京大学出版社,1992.

［78］郑杭生,李强.社会运行导论:有中国特色的社会学基本理论的一种探索［M］.北京:中国人民大学出版社,1993.

［79］郑也夫.信任论［M］.北京:中国广播电视出版社,2001.

［80］朱家贤,苏号朋.e法治网:网上纠纷·立法·司法［M］.北京:中国经济出版社,2000.

［81］邹建华.突发事件舆论引导策略:政府媒体危机公关案例回放与点评［M］.北京:中共中央党校出版社,2009.

［82］安珊珊.网络舆论生成中的要素及其互动影响机制——基于四个中文 BBS 论坛的探索性研究［J］.新闻与传播研究,2012,19(5).

［83］毕宏音.网民的网络舆情主体特征研究［J］.广西社会科学,2008(7).

[84]曹蓉.基于全样本分析的网络舆情指标体系研究综述[J].情报杂志,2015(5).

[85]曾婕,石长顺,黄正谋等.重大突发公共事件中的广播电视舆论引导能力研究[M].武汉:湖北人民出版社,2010.

[86]曾庆香.对"舆论"定义的商榷[J].新闻与传播研究,2007(4).

[87]曾润喜,杜换霞,王君泽.网络舆情指标体系,方法与模型比较研究[J].情报杂志,2014(4).

[88]曾润喜,徐晓林.网络舆情对群体性突发事件的影响与作用[J].情报杂志,2010(12).

[89]陈芳.再谈"两个舆论场"——访外事委员会副主任委员、全国人大常委会委员、新华社原总编辑南振中[J].中国记者,2013(01).

[90]陈力丹.推敲"舆论"概念[J].采.写.编,2003(3).

[91]陈明,杨国炜,陈樵哥.中国网络舆论现状及舆论引导[J].瞭望,2004(35).

[92]陈潇潇.全球变暖风险的国际媒介建构——以中美通讯社报道为例[D].武汉:武汉大学博士学位论文,2010.

[93]戴媛.我国网络舆情安全评估指标体系研究[D].北京:北京化工大学硕士学位论文,2008.

[94]党秋月.构建地方"主流舆论场"有效引导地方舆论——以辽沈地区报业为例[J].东南传播,2009(7).

[95]邓新民.网络舆论与网络舆论的引导[J].探索,2003(5).

[96]丁柏铨.新形势下提高舆论引导能力研究论纲[J].当代传播,2009(3).

[97]丁柏铨.自媒体时代的舆论格局与舆情研判[J].天津社会科学,2013(6).

[98]丁和根.大众传媒话语分析的理论,对象与方法[J].新闻与传播研究,2004(1).

[99]丁和根.对舆论引导主体引导能力的多维观照[J].当代传播,2009(3).

[100]丁金山,袁新洁.潜在舆论简析[J].湘潭师范学院学报(社会科学版),2003(6).

[101]丁迈,缑赫.主流媒体舆论引导能力评估体系建构[J].中国广播电视学刊,2016(6).

[102]丁未,王轩.危机传播——上海"非典"事件传播调研.2013.http://academ-

ic. mediachina. net/index. jsp.

[103]杜骏飞. 沸腾的冰点:2009 中国网络舆情报告[M]. 杭州:浙江大学出版社, 2010.

[104]杜骏飞. 危如朝露:2010～2011 中国网络舆情报告[M]. 杭州:浙江大学出版社,2011.

[105]樊晓奇. 群体性事件中的舆论传播特征[J]. 人民论坛,杭州:浙江大学出版社,2011(24).

[106]冯江平,张月,赵舒贞等. 网络舆情评价指标体系的构建与应用[J]. 云南师范大学学报:哲学社会科学版,2014(2).

[107]冯希莹. 简析卢梭与李普曼公众舆论思想[J]. 天津社会科学,2011(3).

[108]傅文仁,马雪健. 政府、媒体及民间舆论场的分野与弥合[J]. 新闻前哨, 2014(2).

[109]高海波. 公共舆论与舆论学研究的转向[J]. 当代传播,2001(6).

[110]高宪春. 论新媒体环境下官方与民间舆论的互动[J]. 西南民族大学学报:人文社科版,2012(10).

[111]郜书锴. "公共舆论"还是"公众意见"——兼对 Public Opinion 术语不同翻译的商榷[J]. 国际新闻界,2009(10).

[112]官建文. 积极推进政务微博 打通"两个舆论场"[J]. 新闻与写作,2012(2).

[113]郭晓科. 论主流媒体舆论引导力评价指标体系的构建[J]. 传媒,2014(4).

[114]何新田,魏耀奔. 天津爆炸新闻发布会催生次生舆情 到底问题在哪[EB/OL]. 2015-08-17. http://news. qq. com/a/20150817/017045. htm.

[115]赫伯特·西蒙. 达尔文主义、利他主义和经济学[C]. //载库尔特·多普弗. 经济学的演化基础. 北京:北京大学出版社,2011.

[116]侯东阳. 中国舆情调控机制的渐进与优化——汉革开放以来舆情调控机制研究[D]. 广州:暨南大学博士学位论文,2010.

[117]侯迎忠,赵梦琪. 突发事件中政府新闻发布效果评估的多维理论视角[J]. 现代传播(中国传媒大学学报),2012(12).

[118]胡百精,李由君. 互联网与信任重构[J]. 当代传播,2015(4).

[119]胡春阳. 人际传播研究的新思潮[N]. 中国社会科学报,2015-02-04 (B02).

[120]胡锦涛.坚定不移沿着中国特色社会主义道路前进为全面建成小康社会而奋斗——中国共产党第十八次全国代表大会上的报告[J].前线,2012(12).

[121]黄笑迪.政府网站舆情监测指标体系及运行机制设计[D].南京:南京大学硕士学位论文,2013.

[122]姜飞,黄廓.把握大数据时代契机 推动我国网络社会管理更加科学化[J].中国广播,2013(5).

[123]姜红.舆论如何是可能的?——读李普曼《公众舆论》笔记[J].新闻记者,2006(2).

[124]姜景,沈乾,马宁等.基于网络舆论生态的微博舆论生态位研究[J].情报杂志,2016(5).

[125]兰月新,邓新元.突发事件网络舆情演进规律模型研究[J].情报杂志,2011(8).

[126]李昌祖,许天雷.舆论与舆情的关系辨析[J].浙江工业大学学报(社会科学版),2009(4).

[127]李全生.布迪厄场域理论简析[J].烟台大学学报:哲学社会科学版,2002,(2).

[128]李希光.大数据时代的舆情研判和舆论引导[J].思想政治工作研究,2014(1).

[129]李希光.受资本控制,部分主流媒体渐成"媒奴"[EB/OL].2014-12-08,http://www.wyzxwk.com/Article/shidai/2014/12/334017.html.

[130]廖玒.互联网是"社会减压阀"[EB/OL].新浪传媒,2011-7-28.https://news.sina.com.cn/m/2011-07-28/161222894382.shtml.

[131]林琛.基于网络舆论形成过程的舆情指标体系构建研究[J].情报科学,2015(1).

[132]刘海龙.当代媒介场研究导论[J].国际新闻界,2005(2).

[133]刘绩宏,钟杏梅.重大事件舆情监测指标体系与预警模型的应用——基于2010年舆论危机事件的分析[J].东南传播,2012(3).

[134]刘建明."两个舆论场"若干歧义的破解[J].中国记者,2013(1).

[135]刘建明."舆论场,宣传场与舆论机构"的种种悖论[J].新闻爱好者:上半月,2014(10).

[136]刘建明.舆论学初探[J].新闻研究.1981(4).

[137]刘九洲,付金华.以媒体为支点的三个舆论场整合探讨[N].新闻界,2007
(1).

[138]刘奇葆.加快推动传统媒体和新兴媒体融合发展[N].人民日报,2014—4
—23.

[139]卢家银.社交媒体与青少年的政治社会化:以微博自荐参选事件为例[J].
中国青年研究,2012(8).

[140]罗德尼·本森,韩纲.比较语境中的场域理论:媒介研究的新范式[J].新闻
与传播研究,2003(1).

[141]马冰星.网络舆论引导研究[D].北京交通大学博士学位论文,2013.

[142]马得勇,王丽娜.中国网民的意识形态立场及其形成——一个实证的分析
[J].社会,2015(5).

[143]马丽,陈玉林.解读哈贝马斯的交往行为理论[J].理论界,2009(2).

[144]南振中.把密切联系群众作为改进新闻报道的着力点[J].中国记者,2003
(3).

[145]宁宁.新舆论场的形成与消解——新媒体时代下的舆论场[J].新闻世界,
2010(9).

[146]彭兰.关于中国网络舆论发展中几组关系的思考[J].国际新闻界,2009
(12).

[147]澎湃新闻.天津爆炸新闻发布会直播录像.http://thepaper.cn/mewsDetail
-forward-1246002.

[148]齐爱军.什么是"主流媒体"?[J].现代传播:中国传媒大学学报,2011(2).

[149]强月新,刘莲莲.对主流媒体传播力公信力影响力关系的思考[J].新闻战
线,2015(3).

[150]强月新,夏忠敏.当前我国主流媒体影响力的调研与分析[J].新闻记者,
2016(11).

[151]清华大学沈阳教授团队."两微一端"的点与面[EB/OL].中国新闻出版广
电网,2015—12—22.http://www.chinaxwcb.com/2015—12/22/content_331398.
htm.

[152]人民网舆情频道.2015年第三季度政务微博影响力排行榜[EB/OL].2015

—10—30.

[153]桑丽.再论网络舆论概念及特征[J].社科纵横,2011(12).

[154]沈世纬.积极推动两个舆论场的交汇融合[J].青年记者,2015(10).

[155]史波.公共危机事件网络舆情应对机制及策略研究[J].情报理论与实践,2010(7).

[156]孙彩芹.框架理论发展35年文献综述——兼述内地框架理论发展11年的问题和建议[J].国际新闻界,2010(9).

[157]谈国新,方一.突发公共事件网络舆情监测指标体系研究[J].华中师范大学学报(人文社会科学版),2010(3).

[158]谭伟.网络舆论概念及特征[J].湖南社会科学,2003(5).

[159]陶薇.从公益传播看官方与民间舆论场的互动[J].编辑之友,2013(8).

[160]陶勇,王益民.政务微博评估指标体系与测评方法[J].统计与决策,2014(6).

[161]天津市滨海新区政府.天津市滨海新区2015年政府信息公开年度报告[EB/OL].2016—3—28.http://www.tj.gov.cn/tblm/ztbd/xxgknb/qxzf/bhxqrmzf/201603/t20160328_292120.htm

[162]童兵,王宇.论潜在舆论和潜在舆论场及其引导[J].当代传播,2016(3).

[163]童兵.关于当前新闻传播几个理论问题的思考[J].新闻与传播研究,2013(1).

[164]童兵.官方民间舆论场异同剖析[J].人民论坛,2012(13).

[165]王贵斌,斯蒂芬.媒介情境、社会传统与社交媒体集合行为[J].现代传播(中国传媒大学学报),2013(12).

[166]王国华,冯伟,王雅蕾.基于网络舆情分类的舆情应对研究[J].情报杂志,2013(5).

[167]王国华,肖林,汪娟等.论舆论场及其分化问题[J].情报杂志,2012(8).

[168]王来华,林竹,毕宏音.对舆情,民意和舆论三概念异同的初步辨析[J].新视野,2004(5).

[169]王来华.群体性突发事件中的舆情处理[J].决策,2007(2).

[170]王青,成颖,巢乃鹏.网络舆情监测及预警指标体系构建研究[J].图书情报工作,2011(8).

[171]王青,成颖,巢乃鹏.网络舆情监测及预警指标体系研究综述[J].情报科学,2011(7).

[172]王婷.合作理论视角下政府新闻发布会话语分析——以8·12天津港爆炸事故为例[J].语文学刊:高等教育版,2015(11).

[173]项德生.试论舆论场与信息场[J].郑州大学学报(哲学社会科学版),1992(5).

[174]谢耘耕,荣婷.微博舆论生成演变机制和舆论引导策略[J].现代传播(中国传媒大学学报),2011(5).

[175]新榜.2015年度中国微信500强报告[EB/OL].2016-1-17.http://www.newrank.cn/

[176]新华社.习近平:坚持正确方向创新方法手段 提高新闻舆论传播力引导力[N].2016-2-20.http://news.xinhuanet.com/zgjx/2016-02/20/c_135115968.htm

[177]新华社"舆论引导有效性和影响力研究"课题组.主流媒体如何增强舆论引导有效性和影响力之一:主流媒体判断标准和基本评价[J].中国记者,2004(01).

[178]徐翔."沉默舆论"的传播机理及功能研究[J].南京社会科学,2015(10).

[179]徐翔.重视隐性舆论的机理与应对[J].青年记者,2012(18).

[180]许静.舆论研究:从思辨到实证[J].国际新闻界,2009(10).

[181]杨斌艳.舆情,舆论,民意:词的定义与变迁[J].新闻与传播研究,2014(12).

[182]杨逐原.三个舆论场博弈背景下的舆论引导研究[J].新闻前哨,2016(7).

[183]尹亚辉.大数据时代网络舆情传播形态与引导战略[J].新闻知识,2013(12).

[184]于晶.突发事件政府新闻发布的传播效果研究[D].上海:复旦大学博士学位论文,2010.

[185]余秀才.网络舆论场的构成及其研究方法探析——试述西方学者的"场"论对中国网络舆论场研究带来的启示[J].现代传播(中国传媒大学学报),2010(5).

[186]余秀才.网络舆论传播的行为与动因[D].武汉:华中科技大学博士学位论文,2010.

[187]喻国明,张洪忠,靳一等.面对重大事件时的传播渠道选择[J].新闻记者,

2003(6).

[188]喻国明.传统媒体如何变身为线上新型主流媒体:价值范式与操作关键——以"北京时间·G20杭州峰会报道"为例[J].电视研究,2016(10).

[189]喻国明,李彪主编.中国社会舆情蓝皮书(2015)[M].北京:人民日报出版社 2015.

[190]张立刚.公正廉洁执法的舆论引导机制研究[J].成都行政学院学报,2011(1).

[191]张淑芳.公众对抗式解读官方舆论的原因及对策[J].当代传播(汉文版),2013(4).

[192]张涛甫.当前中国舆论场的宏观观察[J].当代传播,2011(2).

[193]赵路平.公共危机传播中的政府、媒体、公众关系研究[D].上海:复旦大学博士学位论文,2007.

[194]郑也夫,彭泗清.中国的信任危机[J].新闻周刊,2002(20).

[195]中国互联网络信息中心(CNNIC).第 37 次中国互联网络发展状况统计报告[EB/OL].2016－1－22.http://cnnic.cn/gywm/xwzx/rdxw/2015/201601/t20160122_53283.htm

[196]钟瑛,余秀才.1998～2009 重大网络舆论事件及其传播特征探析[J].新闻与传播研究,2010(4).

[197]周培源,姜洁冰.官民舆论场的特点及其互动[J].青年记者,2012(24).

[198]周胜林.论主流媒体[J].新闻知识,2001(12).

[199]祝华新.网络舆论倒逼中国改革[J].当代传播,2011(6).

[200]邹军.试论网络舆论的概念澄清和研究取向[J].新闻大学,2008(2).

[201]刘学义.欧美现域下的网络媒体可信度研究[J].国际新闻界,2013(08):74－79.